ACROSS THE BEATLES UNIVERSE

Felix Janosa, geboren im Jahr der ersten Beatles-Single, ist den meisten deutschen Kindern und Eltern vor allem als Komponist der Ritter-Rost-Kindermusicalbücher bekannt, die er seit 1994 gemeinsam mit Autor und Zeichner Jörg Hilbert verfasst.

2023 veröffentlichte er gemeinsam mit der Designerin Paulina Eichhorn das hochgelobte Coffee-Table-Book »Die Beatles, das Universum und der Rest« (Ueberreuter Verlag). Da in dieses Buch jedoch nur ein Bruchteil der zahlreichen Beatles-Texte und – Aufsätze von Felix Janosa passte, folgt hier als Ergänzung das »Kleine Beatles-Lesebuch« mit 40 Glossen, Aufsätzen und humorigen Beatles-Storys.

FELIX JANOSA

ACROSS THE BEATLES UNIVERSE

MEIN KLEINES BEATLES-LESEBUCH

Bibliografische Information der Deutschen Nationalbibliothek:
Die Deutsche Nationalbibliothek verzeichnet diese Publikation in der
deutschen Nationalbibliografie; detaillierte biografische Daten sind im
Internet über dnb.dnb.de abrufbar.

Satz, Umschlaggestaltung, Herstellung und Verlag:
BoD – Books on Demand, Norderstedt

ISBN: 978-3-7583-6858-5

INHALT

VORWORT

Als ich gemeinsam mit der Zeichnerin und Designerin Paulina Eichhorn im Oktober 2023 das Grafic Novel/Pop Art-Buch *Die Beatles, das Universum und der Rest* veröffentlichen durfte, hatten wir beide nicht damit gerechnet, dass uns die Beatles schon im November mit ihrer Single *Now And Then* helfen würden, dem Buch ein bisschen Aufmerksamkeit zu bescheren. Die Reaktionen auf unseren Versuch, ein »Beatles-Buch für alle« zu machen waren und sind immer noch erstaunlich positiv, sowohl die Beatles-Anfänger jeglichen Alters als auch die alten Hasen goutierten den künstlerischen und humorvollen Ansatz, den wir gewählt hatten.

Geplant hatte ich allerdings schon seit längerem ein ganz anderes Büchlein, nämlich dieses hier. Im Verlaufe der Jahre hatte ich mich als Dozent und Autor für Musiklehrbücher und pädagogische Zeitschriften so häufig mit dem Thema Beatles in vielen Einzelaspekten beschäftigt, dass ich eine Sammlung all dieser Artikel und Vorträge bei gleichzeitiger sprachlicher Straffung für lohnend hielt. Zu den alten, überarbeiteten Beiträgen kamen neue, humorige Vorlesetexte dazu, die ich für meine Beatles-Live-Events geschrieben hatte. Auch blieben bei der Arbeit zu *Die Beatles, das Universum und der Rest* etliche Ideen liegen, die ich in diesem Rahmen ausführen konnte.

Natürlich gibt es schon tausende von Veröffentlichungen über die Beatles, aber – so habe ich mir zur Entschuldigung gesagt – da macht eine mehr oder weniger den Braten auch nicht fett. Zumal ich glaube, dass meine immer noch anhaltende Begeisterung und mein hoffentlich tieferes Eintauchen in die Materie das ein oder andere Schmunzeln und Kopfnicken beim geneigten Lesenden finden wird.

Felix Janosa, Gressenich in der schönen Voreifel, Mai 2024

BAUWERKER

Wir schreiben das Jahr 1976. Als ich zu Beginn des neunten Schuljahrs jedem in meiner Klasse stolz erzählte, dass ich Komponist werden wollte, meinte Bauwerker – der mit den längsten Haaren von uns allen – nur trocken: »Lohnt sich nicht. Die Beatles haben schon alle guten Melodien weg komponiert.« Das gab mir zu denken. Wenn an diesem Argument etwas dran sein sollte, würde ich wohl Eisenhüttenkunde oder Maschinenbau studieren müssen, wie es mein soziales Umfeld mir nahelegte. Also legte ich mir zum *Roten* und *Blauen Album* noch schleunigst alle anderen Beatles-LPs zu und studierte sie eingehend. Ich war in der Tat baff: Die Beatles schritten in ihrer Musik von Album zu Album mit Siebenmeilenstiefeln voran und wiederholten sich scheinbar nie. Jeder Stil, jedes Genre, das John oder Paul anfassten, wurde zu etwas Neuem transformiert, und alles immer mit »guten Melodien«. 1:0 für Bauwerker.

Doch dann folgte ein weiterer, schicksalhafter Kauf: Binnen weniger Monate riss mir das legendäre Rocklexikon von Siegfried Schmidt-Joos (bäuchlings auf dem weißen Flokati liegend verschlungen, Schokolade links, Sprudel rechts, Buch in der Mitte) den Schleier von den Augen: Oh doch, da gab es noch ganz viel mehr als die Beatles, ein Universum von unterschiedlichsten Rock- und Pop-Künstlern, ein Meer der unbegrenzten musikalischen Möglichkeiten, die ich mir mangels Taschengeld zwar nicht alle auf LP kaufen konnte, mich aber trotzdem in meinem Berufstraum wieder bestätigten.

Bald waren alle Zweifel entkräftet. »Bauwerker, du hast keine Ahnung!« krähte ich als präpotenter Musiker und Notenschreiber und entließ ihn als erstes aus unserer gerade entstehenden Klassenband. Denn neben ernsthaften musikalischen Bedenken hatte ich die Vermutung, dass Bauwerker unter der Abdeckhaube seiner E-Gitarre einen nicht unbeträchtlichen Haschischvorrat versteckte, der meinen seriösen Karriereplänen diametral gegenüberstand. Jetzt, ohne den renitenten Bauwerker, würde eine großartige Zukunft für mich als progressiver Rock-Musiker oder genialer Pop-Produzent anbrechen ...

Alles kam ganz anders. Ich hätte gewarnt sein können. Denn just an dem Tag, an dem ich stolz eine bei Saturn in Köln neuerworbene LP, Frank Zappas *Studio Tan* mit mir herum trug, spielte mir eben dieser Ralf Bauwerker in seiner ungelüfteten Bude eine Platte mit einem grässlichen Sound vor: Am Anfang hörte man Schritte von derben Stiefeln und dann setzte eine unsäglich laute Müll-Gitarre ein und ein röchelnder Sänger brüllte irgendetwas von *Holidays In The Sun*. Die Musik der Sex Pistols hatte sich auch bis ins kleine Hattingen an der Ruhr herumgesprochen und blieb auch dort. Ich war abgestoßen. Wenn sich so etwas durchsetzen würde, könnte ja jeder Musik oder Platten machen und wer bräuchte dann noch gute Keyboarder oder Songschreiber, geschweige denn Komponisten?

Der Rest ist schnell erzählt. Anstatt mir schleunigst eine rosa E-Gitarre zu kaufen, die Haare zu färben und eine Neue Deutsche Welle-Band zu gründen, studierte ich in Essen-Werden an der Folkwang Hochschule für Musik und wurde Komponist, Kabarettist, Produzent und Autor von musikpädagogischen Lehrbüchern. Aber – trotz meines beruflichen Weges etwas abseits der Popmusik – die Begeisterung für die Beatles ließ mich nie mehr los. Denn auf jeden Fall hatten sie schon ordentlich was weg komponiert.

BEATLES POPULÄRER ALS JE ZUVOR?

Natürlich waren die Beatles in den aktuellen Streaming-Charts 2022 nicht populärer als Drake, Bad Bunny oder Sängerin Halsey. Nie gehört von den dreien? Dann schauen wir mal ins Jahr 2023: Die beliebtesten drei Songs stammten von Miley Cyrus, Dave & Central Dee und Raye Ft 070 Shake. Da klingelt auch nichts?

Tja, das wird wohl am eigenen Alter liegen – oder an der Situation des aktuellen Mainstream-Pop. Die diversen und ordentlich unübersichtlichen Statistiken der aktuellen Pop-Trends sagen kaum noch etwas darüber aus, welchen kulturellen Widerhall aktuelle Künstler überhaupt noch haben, zu wenig ist auch im Musikgeschäft (im Gegensatz zu früher, als noch mit den Medien LPs oder CDs gehandelt wurde) mit Streaming von tanzorientiertem Pop zu verdienen.

Und hier scheinen die Altvorderen den Schallplatten-firmen immer noch sprudelnde Einnahmen zu versprechen, denn anders ist eine umfassende Renaissance der Musik der 1960-1980er Jahre mit hunderten von Re-Issues, Spezial-Editionen von LPs und CDs, umfangreichen Resterampen mit Unveröffentlichtem aus der Vergangenheit nicht zu erklären. Klar, die bald ins Altersheim wandernden Boomer sollen noch einmal zur Kasse gebeten werden. Aber offensichtlich sind es nicht nur klapprige Zeitzeugen, welche die alte Musik noch schätzen: Die Gruppe Queen erreichte durch anhaltende Live-Präsenz mit neuem Sänger und einem spektakulären BioPic wie *Bohemian Rhapsody* ein generationenübergreifendes Publikum, Künstler wie Elton John oder Udo Lindenberg gingen mit Film-Biographie und Live-Konzerten den gleichen Weg. Die Tatsache, dass »historische Popmusik« auch künftig für ordentliche Umsätze sorgen wird, zeigen Deals aus nicht allzu ferner Vergangenheit: Für 300 Millionen Dollar verkaufte Bob Dylan Ende 2020 seine Autorenrechte an Universal Music, ähnliche Mega-Deals schlossen Shakira, Stevie Nicks und Tina Turner ab. Den Vogel schoss Altrocker Bruce Springsteen ab, der seinen gesamten Musikkatalog für rund 500 Millionen Dollar an Sony veräußerte.

Über allem aber thronen die Beatles: Obwohl sie nur über einen Zeitraum von acht Jahren Plattenaufnahmen machten, sind sie die Gruppe mit den meistverkauften Tonträgern der Welt. Laut Angaben ihrer Plattenfirma EMI beläuft sich die Anzahl der verkauften Einheiten auf über eine Milliarde. Die Gruppe hat (falls die kesse Taylor Swift nach Manuskript-Abschluss nicht doch wieder zugeschlagen hat) mehr Multi-Platin-Auszeichnungen erhalten als jeder andere Künstler, 13 allein in den USA. Als die Beatles 2015 »online« gingen, bedankte sich die Plattform Spotify mit einer Statistik der ersten 100 Tage der Beatles: 2.793 Jahre Lennon-McCartney wurden binnen dieses Zeitraums weltweit auf Spotify gestreamt.

Der wahre und ungebrochene Beatles-Boom findet indes woanders statt: Das Netz befeuert seit zwei Jahrzehnten die Posts der Millionen Beatles-Fans, der Beatles-Conventions, der Beatles Facebook-Gruppen, der Live-Aktivitäten unzähliger Beatles-Coverbands. Dazu kommt das clevere Marketing des Beatles-Konzerns Apple, von dem Computer-Pionier Steve Jobs sich den Firmennamen klaute. Mit der *Anthology*, der Veröffentlichung von 6 CDs, 5 DVDs und einem gewichtigen Coffeetable-Book eröffnete die Firma 1994 den Reigen der nun nicht mehr abreißenden Restaurationen, Wieder- und Neu-Veröffentlichungen bis heute. Höhepunkte waren die 50-jährigen Jubiläen von *Sgt. Pepper* (2017), *White Album* (2018) und *Abbey Road* (2019) sowie das filmische Mammutwerk von Herr-der-Ringe-Regisseur Peter Jackson, der mit dem Release der neu geschnittenen *Get Back*-Aufnahmen 2022 alte wie neue Beatles-Fans begeistern konnte. Den vorerst letzten Vogel schoss Apple ab, als sie Ende 2023 mit den isolierten John-Vocals des Demos *Now and Then* in jahrzehnte-überspannender Bastelarbeit einen weltweiten Nr. 1-Hit landen konnte. Ein vorläufiges Ende ist nicht abzusehen.

DAS VERPASSTE KONZERT

1958 feierte Großbritannien das erste offizielle Rock'n'Roll-Hochamt: Buddy Holly, der Sänger mit der dicken Hornbrille und der weißen Solid-Body-Gitarre kam auf Tour! Am 2. März 1958 konnten die Briten ihn im Fernsehen live aus dem Londoner Palladium bewundern. Einige Musiker der späteren Rolling Stones waren zugegen und auch die Musiker, die ihre Band nach dem großen US-Vorbild »The Hollies« nennen würden. Buddy Holly machte am 20. März 1958 auch Halt in Liverpool für zwei Shows in der Philharmonic Hall – die perfekte Gelegenheit, das Rock'n'Roll-Idol auch dort live zu erleben. Drei Jugendliche namens John Winston Lennon, Paul McCartney und George Harrison waren länger schon im Holly-Wahn: Sie hatten sich selbstredend die Singles des Rock'n'Rollers gekauft und zu den Platten mitgespielt.

Und nun wird die Sache etwas seltsam: Buddy Holly war da, alle hippen Liverpooler Jugendlichen fieberten dem Ereignis entgegen, nur die künftigen Beatles fehlten, sie besuchten das Konzert nicht. Mangelndes Taschengeld? Eine nicht zu cancelnde eigene Konzertverpflichtung? Weder waren die Eintrittspreise zu hoch, noch hatte die damalige Amateur-Band irgendeinen Auftritt im Kalender stehen. Die Beatles brauchten von Woolton, dem Stadtteil, in dem sie aufwuchsen, nur vier Kilometer in die Stadtmitte fahren, um Buddy Holly live zu sehen. Sie taten es nicht, sondern schauten sich stattdessen in der Nachbarschaft drei unbekannte Bands an, die Texans, die Bluegenes und die Sioux City Skiffle Group. Auch Beatles-Archivar und Nr. 1-Autor Mark Lewisohn konstatiert ratlos: »Warum sie hier waren und nicht in der Stadt in der Philharmonic Hall bleibt ein Rätsel.«[1]

Eine profane, aber gar nicht so abwegige Erklärung geistert durch die Beatles-Foren: Da die weiblichen Bekannten der Beatles und Beatles-Freunde so auf Buddy Holly abfuhren, wäre die Gruppe eifersüchtig gewesen. Meine eigene Interpretation des Nicht-Ereignisses: Lennon hatte eine Mischung aus präpotentem Hochmut und Angst, dass Buddy Holly einfach zu gut sein könnte. Als Musiker kennt man sehr gut das Gefühl aus der Jugend, von einem Konzert manchmal nur beschämt gewesen zu sein, weil der Künstler oder die Künstlerin so gut war, dass man sich selbst mit seinen eigenen mickrigen Fähigkeiten nur schlecht fühlte, anstatt einfach nur Spaß an der Musik zu haben.

Nun denn, die Beatles waren noch sehr jung und hatten eine tolle Chance verpasst, vor allem die, sich ein Autogramm von Holly zu besorgen und dem guten Mann mal die Hand zu schütteln. Wie alle pop-beflissenen Lesenden wissen, wäre dies auch die letzte Gelegenheit gewesen. Aber zumindest die nächste Chance ergriffen unsere Prä-Beatles.

---

[1] Mark Lewisohn: Tune In (US-Ausgabe, Hardcover) S.167, Übers. Janosa

Der Liverpooler Elektrowarenhändler Percy Philips hatte nämlich eine Geschäftsidee: Mit einer Bandmaschine und einer Disc Cutting Machine lockte er Liverpooler Nachwuchsmusiker an, bei ihm zu Hause »eine Schallplatte aufzunehmen«. Und so betraten am 12. Juli 1958 auch John, Paul und George gemeinsam mit den beiden anderen Quarrymen Colin Hanton (Drums) und John Lowe (Piano) das viktorianische Haus Nr. 38 Kensington, um dort zwei Titel auf einem zerbrechlichen Schellack-Unikat zu verewigen: *That'll Be The Day* von Buddy Holly und *In Spite Of All The Danger*, eine Eigenkomposition von Paul und George – heute die wahrscheinlich wertvollste Schallplatte der Welt.

DIE BEKANNTESTE COVERBAND DER WELT

Was braucht man als familiäre Grundvoraussetzung, um die bekannteste und vielleicht auch größte Band der Welt zu werden? Zwei Dinge ganz sicher nicht: Wohlhabende Elternhäuser und geordnete Familienverhältnisse. Wie der kurz skizzierte Familien-Background der Beatles zeigt, ist vor allem eins nötig: Musik im Elternhaus.

Beim im Oktober 1940 geborenen John Winston Lennon war es Mutter Julia, eine semi-professionelle Entertainerin und Sängerin, die den jungen John mit Mundharmonika, Banjo und frechen Liedern versorgte. Wer sich für Johns dramatische Jugend mit Tante Mimi, bei der er aufwuchs, und dem schwierigen Verhältnis zur früh verunglückten Mutter Julia interessiert, sollte sich den wundervollen Spielfilm *Nowhere Boy* (GB 2009, R: Sam Taylor-Wood) anschauen.

Beim im Juni 1942 geborenen Paul McCartney war es der Vater, der sich neben seinem Verkäuferjob als Trompeter in einer Jazzband betätigte und auch kompetent Klavier spielte und sang. Genau wie John litt Paul unter dem frühen Verlust seiner Mutter, sie starb, als Paul 14 war.

Beim Jüngsten, dem 1943 geborenen George glänzte der Gitarre spielende Vater als Matrose und Busfahrer zwar meist durch Abwesenheit, hatte sich aber auf seinen Seereisen eine umfangreiche Grammophonplatten-Sammlung zugelegt, die den Sohn musikalisch auf die Spur brachte.

Ringo Starr, geboren als Richard Starkey, war – wie Lennon im Jahr 1940 geboren – der älteste der Beatles. Der Vater war Bäcker, verließ aber die Familie, als Ringo drei Jahre alt war. Da nun die Mutter die Familie mit Jobs über Wasser halten musste, wuchs Ringo bei den Eltern seines abwesenden Vaters auf. Zum Schlagzeug kam Ringo, weil er als Kind viele Monate im Krankenhaus verbringen musste und im Hospital zum Glück mit Perkussions-Instrumenten beschäftigt wurde.

Schwierige Bedingungen, zudem weit ab vom Schuss, ganz weit entfernt von der Musik-Metropole London. Erst als die Beatles Teenager wurden, begann sich die Lage zu bessern: England hatte die drastischen Sparmaßnahmen der Labour Regierung nach dem Weltkrieg überstanden und mit der Krönung von Königin Elizabeth II. 1953 zogen die ersten TV-Geräte in englische Haushalte ein. 1954 wurden die letzten Lebensmittelrationierungen gestrichen, die Wirtschaft begann unter einer konservativen Regierung wieder zu boomen. In diese Situation fiel der Aufstieg des Mersey Beats in Liverpool: Angestachelt von den aufregenden Rock'n'Roll-Singles aus USA, die in der Hafenstadt Liverpool als erstes angeliefert wurden, gründete man Bands. Die damalige Skiffle-Mode ermöglichte es auch Jugendlichen ohne viel Taschengeld mit zwei Gitarren, einem Waschbrett und einem selbst gebastelten Kisten-Bass, sich als Band zu fühlen. John Lennons »Quarrymen« war eine dieser zahlreichen Skiffle-Bands, die sich in Großbritannien um diese Zeit zusammen taten.

Eine kleine Sensation bietet hier heute das Internet: Gibt man bei YouTube »Quarrymen Live« ein, kann man Aufnahme-Fetzen vom Pfarrfest in Liverpool-Woolton hören, von genau jenem Sommertag im Jahre 1957, an dem sich John und Paul zum ersten Mal begegneten. Deutlich ist Johns Stimme zu hören mit Lonnie Donegans *Puttin' On The Style* und Elvis Presleys *Baby, Let's Play House*. Bald nach diesem Treffen wurde Paul Mitglied der Gruppe, kurze Zeit später auf Empfehlung Pauls der junge George.

Beim inoffiziellen Start der Rock'n'Roll-Ära, am 3. Mai 1960 im Liverpool Stadium waren jedoch John, Paul und George, inzwischen umbenannt in »Beatles«, wieder nicht dabei. Allan Williams, der Besitzer des Jacaranda Clubs in Liverpool, hatte aus den USA Gene Vincent und Davy Jones gewinnen können, lokale Gruppen waren Gerry and the Pacemakers, Cass and his Casanovas und Rory Storm and the Hurricanes, bei letzt genannter Gruppe auf dem Schlagzeugstuhl ein gewisser Ringo Starr. Trotz des miserablen Sounds glich das Box-Stadion einem Tollhaus, die Beatles schauten – für den Gig noch als zu schlecht befunden – in die Röhre. Doch eben jener Manager Allan Williams gab den Beatles ab August 1960 die Chance, in Hamburg aufzutreten, wenige Tage vor der Abreise setzten John und Paul Pete Best auf den Schlagzeugstuhl, Bass spielen durfte Johns Freund, Kunstschulstudent Stuart Sutcliffe. Besonderes Glück für junge Bands und die Beatles im Besonderen: 1961 schaffte das Königreich die Wehrpflicht ab, die Beatles und andere junge Bands konnten zusammen bleiben und sich kontinuierlich entwickeln. Zudem befand sich der US-Rock'n'Roll in einer kreativen Krise: Buddy Holly war bei einem Flugzeugabsturz gestorben, Elvis leistete in Deutschland seinen Militärdienst ab. Dazu hatte im Brill Building zu New York eine neue Generation von jungen Songwritern das kommerzielle Regime über die US-Popmsik übernommen, für den angesagten Teenie-Highschool-Pop wurden jetzt Tanzschritt-Songs oder weinerliche Herzbrech-Hymnen fabriziert. Den Beatles blieb also in Hamburg genügend Zeit, ihr Handwerk in ungezählten Stunden auf der Bühne gründlich zu erlernen. Und das taten sie, indem sie sich ohne Ende Coversongs draufschafften.

Die folgenden Song-Zusammenstellungen basieren auf den Daten von Mark Lewisohn, dem schon erwähnten EMI-Archivar und Top-Beatles-Experten auf der Welt. Seine akribischen Dokumentationen und eloquenten Veröffentlichungen sind die wichtigste Quelle für mich und tausend andere, die frech genug sind, über die Beatles zu schreiben, obwohl sie die Fab Four niemals persönlich kennengelernt, geschweige denn als Zeitzeuge irgendwo live gesehen haben.

Die erste Liste zählt alle Evergreens and Traditionals auf, welche die Beatles in Hamburg und anderswo performten. Dies ist die bunte Mischung aus Tin-Pan-Alley-Songs und altbackenen Heulern, die immer gerne von älteren Zuschauern angefragt wurden, die sichere Bank beim Fünf-Uhr-Tanztee. Einige dieser Titel nahmen die Beatles 1961 mit Tony

Sheridan auf, andere spielten sie bei ihrer Decca-Audition am Neujahrstag 1962. Nur *Till There Was You* schaffte es auf das Album *With The Beatles* und war ein Highlight bei der Royal Variety Performance, als die Beatles 1963 der Queen und der Londoner High Society vorspielten.

Ain't She Sweet, Beautiful Dreamer, Begin The Beguine, Better Luck Next Time, Darktown Strutters Ball, Espana Cani, Falling In Love Again, Guitar Boogie, Third Man Theme, Hey Ba-Ba-Re-Bop, Home, Honey Hush, The Honeymoon Song, Honky Tonk Blues, A House With Love In It, How High The Moon, I Remember You, I Wish I Could Shimmy Like My Sister Kate, The Man With The Golden Arm, Moonglow, My Bonnie Lies Over The Ocean, Red Sails In The Sunset, September In The Rain, September Song, **Till There Was You**, True Love, Walk Right In, When, When The Saints, The World Is Waiting For The Sunrise, Your Feet's Too Big, Jambalaya, You Win Again

Die folgenden Titel stammen von Sänger und Gitarristen Lonnie Donegan und anderen Skiffle-Gruppen, welche direktes Vorbild für John Lennons Quarrymen waren.

It's A Long Way to Tipperary (1954) Rock Island Line (1954) Worried Man Blues (1955) Railroad Bill (1956) Freight Train (1957) The Cumberland Gap (1957) Midnight Special (1957) Maggie Mae (1957) No Other Baby (1958) Corrine, Corrina (1960)

Die eher bescheidene Liste von moderneren Blues- und Prä-Soul-Titeln zeigt, dass die Beatles im Gegensatz zu den Stones, den Who, den Kinks oder Zombies kaum etwas mit

Chicago Blues, der Musik von Muddy Waters oder Willy Dixon am Hut hatten. Auf den Punkt gebracht: Die Stones waren Blues-Snobs, die Beatles Rock'n'Roller.

Lloyd Price: Mailman Blues (1954)
Ray Charles: I've Got A Woman (1955) Hallelujah, I Love Her So (1956) A Fool For Yyou (1959) What'd I Say (1959) Don't Let The Sun Catch You Crying (1960) Sticks And Stone (1960) Hit The Road, Jack (1961)
Fats Domino: Ain't That A Shame (1955) I Know (1955) I'm In Love Again (1956) Coquette (1958) I'm Gonna Be A Wheel Someday (1959) I Will Always Be In Love With You (1960)

Elvis Presley ist rein statistisch gesehen der Interpret, dessen Titel die Beatles am häufigsten coverten. Doch trotzdem war die Abgrenzung zum großen Vorbild ausgemachte Sache: Keiner dieser Elvis-Titel landete auf einer EMI-LP der Gruppe.

That's Alright (1954) Mystery Train (1955) Blue Moon Of Kentucky (1954) Good Rockin' Tonight (1954) Baby, Let's Play House (1955) I Forgot To Remember To Forget (1955) Don't Be Cruel (1956) Hound Dog (1956) Love Me Tender (1956) Lawdy Miss Clawdy (1956) Just Because (1956) Party (1957) That's When Your Heartaches Begin (1957) I'm Gonna Sit Right Down And Cry (1961) Heartbreak Hotel (1956) All Shook Up (1957) Loving You (1957) Baby I Don't Care (You're So Square) (1957) I'll Never Let You Go (1958) Jailhouse Rock (1958) It's Now Or Never (1960) Tonight Is So Right For Love (1960) Wooden Heart (1960) Are You Lonesome Tonight (1961) His Latest Flame (1961) I Feel So Bad (1961) Wild In The Country (1961)

Ähnliche Zurückhaltung übten die Beatles bei ihren anderen Rock'n'Roll-Heroen. Zwar beherrschten sie einen Großteil des drei bis vier Jahre zurückliegenden Rock'n'Roll-Materials, doch für die beginnenden 1960er Jahre erscheint ihnen das Material zu altbacken, nur Little Richards *Long Tall Sally* schaffte es noch auf eine ihrer EMI-Veröffentlichungen.

Little Richard: Ready Teddy (1956) **Long Tall Sally** (1956) Rip It Up (1956) Miss Ann (1956) Lucille (1957) Tutti Frutti (1957) Send Me Some Lovin' (1957) Can't Believe You Wanna Leave (1957) Good Golly Miss Molly (1958) Ooh! My Soul (1958)
Gene Vincent: Be Bop A Lula (1956) Lazy River (1956) Wedding Bells (1957) Dance In The Streets (1958) Baby Blue (1958) Time Will Bring You Everything (1958) The Wayward Wind (1958) Summer Time (1958) Over The Rainbow (1959) Say Mama (1959) Wild Cat (1959)
Jerry Lee Lewis: Great Balls Of Fire (1957) Whole Lotta Shakin' (1957) It'll Be Me (1957) Mean Woman Blues (1957) Down The Line (1958) High School Confidential (1958) Fools Like Me (1959) Livin Lovin Wreck (1961)
Eddie Cochran: Twenty Flight Rock (1957) C'mon Everybody (1959) I Remember (1959) Teenage Heaven (1959) Three Steps To Heaven (1960)
Duanne Eddy: Ramrod (1958) Movin' And Groovin' (1959) Three-Thirty Blues (1959)
Johnny Cash: All Over Again (1958)
Bo Diddley: Crackin' Up (1959) Road Runner (1960)

Kaum eine junge, weiße Band der frühen 1960er Jahre konnte sich dem Einfluss von Chuck Berrys wegweisenden Songs mit ihren klugen und witzigen Texten entziehen. Die Beach Boys klauten sogar die Musik ihres ersten großen Hits

Surfin' U.S.A. direkt von Berry, die Rolling Stones veröffentlichten den Chuck Berry-Song *Come On* als erste Single. Bei den Beatles übernahm John Lennon im Normalfall die Vocals der Berry-Cover, den Lead-Gesang von *Roll Over Beethoven* überließ John auf der LP *With The Beatles* (1963) jedoch George.

Thirty Days (1955) Maybellene (1955) **Roll Over Beethoven** (1956) Too Much Monkey Business (1956) Sweet Little Sixteen (1956) **Rock And Roll Music** (1957) Carol (1958) Johnny B. Goode (1958) Reelin' And Rockin' (1958) Vacation Time (1958) Almost Grown (1959) Little Queenie (1959) Memphis Tennessee (1959) I Got To Find My Baby (1960) I'm Talking About You (1961)

War Chuck Berry die eine prägende Songwriter-Persönlichkeit für die Beatles, dann war Buddy Holly die andere. Die legendäre erste Studio-Session der Quarrymen im Sommer 1958 wurde mit Buddy Hollys *That'll Be The Day* bestritten, auf die B-Seite des Unikats kam die erste dokumentierte Eigenkomposition der späteren Beatles.

Midnight Shift (1956) Everyday (1957) Peggy Sue (1957) That'll Be The Day (1957) **Words Of Love** (1957) Mailman, Bring Me No More Blues (1957) It's So Easy (1958) Think It Over (1958) Maybe Baby (1958) Crying, Waiting, Hoping (1959) Raining In My Heart (1959) Reminiscing (1962)

Dass die Rock'n'Roller Carl Perkins und Larry Williams uns heute noch ein Begriff sind, liegt vor allem an den Vorlieben von George und John. Von den Cover-Versionen dieser beiden singenden Songschreiber schafften es allein fünf auf Beatles-LPs bei der EMI.

Carl Perkins: Sure To Fall In Love With Yyou (1956) Tennessee (1956) Boppin The Blues (1956) **Honey Don't** (1956) Blue Suede Shoes (1956) Glad All Over (1957) **Matchbox** (1957) Lend Me Your Comb (1957) Your True Love (1957) **Everybody's Trying To Be My Baby** (1958), Gone, Gone, Gone (1959)
Larry Williams: Bony Moronie (1957) **Dizzy Miss Lizzy** (1958) **Slow Down** (1958) Short Fat Fanny (1957) **Bad Boy** (1959) Peaches And Cream (1959)

Das Gros der Beatles-Cover würde man heute als «Top Forty-Songs" bezeichnen, elf dieser damals gerade angesagten Poptitel landeten auf den offiziellen Beatles-Alben. Besonders auffällig: Die pop-affinen Beatles machten sich auch Titel von US-Girlgroups wie den Marvelettes, den Donays, den Cookies oder den heiß geliebten Shirelles zu eigen.

Ann Margret: I Just Don't Understand (1961) Arthur Alexander: Soldier Of Love (1960) **Anna** (1962)
A Shot Of Rhythm And Blues (1962) Where Have You Been All My Life (1962)
Barrett Strong: **Money** (1959) Ben E.King: Stand By Me (1961)
Bill Justis: Raunchy (1957) Bobby Combstock: Let's Stomp (1963)

Bobby Freeman: Do You Wanna Dance (1958) Shimmy Shimmy (1960) You Don't Understand Me (1960)

Bobby Lewis: One Track Mind (1961) Bobby Parker: Watch Your Step (1961)

Bobby Vee: Love, Love, Love (1961) Take Good Care Of My Baby (1961) Sharing You (1962)

Brenda Lee: Fool Number One (1961) Bruce Channel: Hey Baby (1962)

Buddy Knox: Open Your Lovin` Arms (1962) Buck Owens: **Act Naturally** (1963)

Chan Romero: The Hippy Hippy Shake (1959) Cliff Richard: Dream (1961)

Conway Twitty: Heavenly (1959) Craig Douglas: Time (1961) Davy Jones: Mighty Man (1960)

Del Shannon: Runaway (1961) Dr.Feelgood and the Interns: Mr. Moonlight (1962)

Eddie Fontaine: Nothin' Shakin' But The Leaves On The Trees (1958)

Freddy Cannon: Buzz Buzz A Diddle-It (1961) Gary US Bonds: New Orleans (1961)

Quarter To Three (1961) Jack Elliott: San Francisco Bay Blues (1960)

Jackie Lee: There's No One In The Whole Wide World (1962)

James Ray: If You Gotta Make A Fool... (1961) Jet Harris and Tony Meehan: Diamonds (1963)

Joe Brown and the Bruvvers: The Sheik Of Araby (1961) I'm Henry The Eighth I Am (1961)

A Picture Of You (1962) What A Crazy World (1962) Joe Brown: I'm Henry the Eighth I am (1961)

Joey Dee and the Starlighters: Hey Let's Twist (1962) Peppermint Twist (1962)

Johnny Burnette: Lonesome Tears In My Eyes (1956)

Johnny Kidd: Shakin' All Over (1960) Weep No More My Baby (1960)

Johnny Preston: Leave My Kitten Alone (1961) Lee Dorsey: Ya Ya (1961)

Lenny Welch: **A Taste Of Honey** (1962)

Little Eva: The Loco-Motion (1962) Keep Your Hands Off My Baby (1963)

Pat Boone: Don't Forbid Me (1957) Ral Donner: You Don't Know What You Got (1961)

Ritchie Barrett: Some Other Guy (1962) Ronnie Hawkins: Red Hot (1959)

Roy Orbison: Dream Baby (1962) Sam Cooke: Bring It On Home To Me (1962)

Smokey Robinson: **You Really Got A Hold On Me** (1962) The Champs: Tequila (1958)

The Coasters: Searchin' (1957) Youngblood (1957) Yakety Yak (1958) Three Cool Cats (1959) Besame Mucho (1960) Thumbin' A Ride (1961)

The Cookies: **Chains** (1962) The Crickets: More Than I Can Say (1960) Don't Ever Change (1962)

The Del-Vikings: Come Go With Me (1957) The Donays: **Devil In His Heart** (1962)

The Drifters: Save The Last Dance For Me (1960) When My Little Girl Is Smiling (1962)

The Everly Brothers: I Wonder If I Care As Much (1957) Love Of My Life (1959)

So How Come No One Loves Me (1960) Cathy's Clown (1962)

The Isley Brothers: Shout (1959) **Twist and Shout** (1962) The Lafayettes: Nobody But You (1962)

The Jodimars: Clarabella (1956) The Marathons: Peanut Butter (1961)

The Marvelettes: **Please Mister Postman** (1961) Maurice Williams: Stay (1960)

The Olympics: Well... (1958) Hully Gully (1959) The Shadows: Apache (1960)

The Shirelles: **Boys** (1960) **Baby, It's You** (1961) Will You Love Me Tomorrow (1961)

Mama Said (1961) Love Is A Swingin' Thing (1962)

The Teddy Bears: To Know Him Is To Love Him (1958)

The Ventures: Walk, Don't Run (1960) Tommy Roe: Sheila (1962)

FUN OR FACT? WIE DIE NERVÖSEN VIER TONSTUDIO-DEBÜTANTEN, JOHN, PAUL, GEORGE UND PETE 1962 DOCH NOCH GERADE SO EINEN SCHALLPLATTEN-DEAL BEKAMEN

Dies dem geneigten Leser vorab als Grundinformation: Die Bewohner der einzelnen Städte Britanniens verhalten sich im Prinzip immer noch wie unterschiedliche Keltenstämme, die einander zwar kennen, aber kaum wertschätzen. Da ist der große und mächtige Stamm der Londonier, die zweifellos Britannien beherrschen, aber durch ihre Blasiertheit, ihren antrainierten Oberschicht-Akzent und die lächerlichen Fellmützen der königlichen Garden einfach nur unter aller Kanone sind – in den Augen der anderen Stämme. Die Londonier indes glauben das Gegenteil, dass nämlich sie der einzig kultivierte Stamm sind im Gegensatz zu den verbohrten Birminghamians, den grässlichen Newcastlianern, vor allem aber den völlig unmöglichen Liverpudlians, die sich meist nur durch Raufereien und ständiges Zotenreißen auszeichnen. Letzere, die Liverpudlians geben das mit den Raufereien und den Zoten gerne zu, halten sich indes für den einzigen Stamm, in dem jedes Stammesmitglied nicht nur hervorragend singt, ein oder zwei Instrumente spielt, sondern auch ein First Class Comedian ist.

Und nun zum Aufeinandertreffen von Liverpudlians und

Londoniern, welches am 6. Juni 1962 in den Abbey Road Studios stattfindet. Schon im Vorfeld war George Martin, Produzent, versierter Arrangeur und Musiker sowie Labelchef bei E.M.I., gewarnt. Denn dieser aufdringliche Schallplattenverkäufer aus dem Norden hatte in London bereits alle genervt. »Meine Jungs sind der nächste Elvis«, tönte dieser Mister Epstein ungefragt jedem, der mit Schallplatten zu tun hatte, ins Ohr und kam den Adressaten meist so nah, dass man sein für einen echten Mann etwas zu blumiges After Shave deutlich wahrnehmen konnte. Keiner wollte was mit der Sache zu tun haben, nicht mit den vier wahrscheinlich ungewaschenen Rockern, nicht mit dem blumigen und etwas zu aufdringlichen Mister Epstein. Gut gekleidet war der Mann, da konnte man nicht meckern, aber eben einen Hauch zu provinziell.

So gut die Kleidung von Mister Epstein, so lausig sind die mitgebrachten Instrumente der musikalischen Jünglinge, die Drums sind Schrott, was sind das für Verstärker und so kann ich eigentlich nicht ordentlich arbeiten, denkt sich Produzent George Martin im Stillen, der schon mit Superstars wie Peter Ustinov, Sophia Loren und Peter Sellers zusammen gearbeitet hat.

Nun ja, vier Titel für zwei Singles und dann sind die Jungs wieder raus aus dem Studio und ich lüfte ordentlich durch. Nun gut, dieser Hübsche da, der immer mit dem Kopf wackelt, der hat eine nette Stimme und der freche Anführer da, der hat auch was, aber wer von beiden ist denn der

Lead-Sänger? Sollte man – falls die Jungs es doch noch bis zum Ende der Session schafften, Drums und Verstärker mit Klebeband zu reparieren – sollte man eine mögliche Single als »John Lennon and his Merry Quarrymen« oder lieber als »Paul McCartney and his Jolly Beatniks« rausbringen? Die nervösen Studio-Debütanten spielen eine Nummer nach der anderen an, doch nur vier Nummern erhalten den müden Daumen nach oben.

Munter begonnen wird mit *Besame Mucho*, eine Nummer, zu der George Martin ein sentimentales Verhältnis hat, sie erinnert ihn an die feucht-fröhlichen Stunden beim After-Work-Tanztee der Britischen Luftwaffe, charming, isn`t it, would you prefer a little innocent dance, you lovely young ladies?

Danach kommt leider nur noch Selbstkomponiertes, was denken sich diese Jungspunde eigentlich? *P.S. I Love You*, *Ask Me Why* und *Love Me Do* heißen die Machwerke, deren textliche und harmonische Schlichtheit schwer auf George Martins musikalischem Intellekt lasten. Und dann dieser lahme Rhythmus. »Love love me do, me do, you know I love you«, nein, dieser Pete Best ist beileibe nicht der Beste, mal schneller, mal langsamer, oh Backe.

Der aufmerksame Paul merkt natürlich sofort, dass die Stimmung zu kippen droht. »Probier du doch mal den Drum-Rhythmus, John!« und nimmt ihm flink die Mundharmonika aus dem Maul, die er in einem niederländischen Musik-warengeschäft hatte mitgehen lassen. Doch John lehnt ab mit der Begründung, dass er der Anführer der Gruppe sei, da verbiete sich das Spielen von Schlagzeug per se. »Ich könnte die Drums übernehmen, ich kann ja auch Gitarre und Bass und Piano spielen!« Doch die anderen drei weisen den wie immer übermotivierten Paul in die Schranken. »Ich hab es dir gesagt, Pete«, wirft der etwas altkluge George ein, »das liegt an deinem Elvis-Entenschwanz, dass du das nicht spielen kannst.« »Wir sind durch, bitte die jungen Musiker in die Regie«, tönt es da aus der Gegensprechanlage.

Und nun zieht George Martin bittere Bilanz und zählt den nervösen Neulingen minutiös auf, was denn alles an ihrer Studio-Performance lausig war, und die Strafpredigt des zehn Jahre älteren Londoner Gentlemans mit dem aufgesetzten BBC-Akzent nimmt kein Ende.

Paul und John sind kaum wiederzuerkennen, so bedröppelt schauen sie auf den gerade neu eingezogenen eierschalfarbenen Teppichboden der Regie. Pete Best hat sich sicherheitshalber schnell aufs Klo verzogen. War es vielleicht doch ein Fehler gewesen, sich mit dem mächtigen Stamme der Londonier anzulegen?

Und plötzlich schweigt George Martin. Wahrscheinlich hat er mal wieder übertrieben. Um die Stimmung zu retten, fragt er die Beatles, was ihnen denn an der heutigen Session nicht gefallen habe. Pete Best kommt zurück vom Klo, er hat die Aufforderung Martins verpasst. Paul und John schweigen weiter, John tut so, als würde er seine Mundharmonika suchen. Nur der länger schon leicht grinsende George fasst sich ein Herz und sagt mit fester Stimme. »Zuerst einmal Ihre Krawatte, Mister Martin!«. Wieder Stille. Bis George Martin plötzlich losprustet und eine allgemeine, fast unnatürliche Heiterkeit die versammelte Truppe erfasst. »Was für blöde Frisuren ihr habt!« jubelt Martin, »Und Sie für grässliche Lackschuhe«, ruft Lennon, »und dieses lila Einstecktuch, lächerlich!« Plötzlich ist eine echte Sause im Gange. »Bringen Sie Sekt, Mister Epstein, diese Jungs sind voll in Ordnung!« Und so sehen die Abbey Road Studios eine für londonische Verhältnisse nie da gewesene Party von siebzehneinhalb Minuten Länge, die nur auf heftiges Drängen des Hausmeisters aufgelöst werden kann, denn mit den britischen Gewerkschaften war schon im Sommer des herrlichen Jahres 1962 nicht zu spaßen.

BEST OF THE BEATLES

Steve Titterington, John Rutsey, Tony McCaroll, Chad Channing? Wenn Ihnen, geneigte Lesenden, nur zwei dieser vier Namen ohne googeln etwas sagen, dann kennen Sie sich besser aus in Rockgeschichte als ich. Denn dies sind nur vier der vielen Drummer der Pop- und Rockgeschichte, die ihren sicher geglaubten Schlagzeugstuhl räumen mussten, als es karrieretechnisch ernst wurde und ein Schallplattendeal anstand. Und hier schnell die Auflösung, wer denn unsere vier Unglücksraben waren:

Bei den Herman's Hermits, die während der »British Invasion« für wenige Monate zwar nicht populärer als Jesus waren, aber doch kurz die Beatles in der US-Teenie-Gunst ablösten, hatte Lead-Sänger und TV-Star Peter Noone keinerlei Skrupel, den ursprünglichen Drummer Steve Titterington schnell gegen den versierteren Barry Whitwham auszutauschen, als 1964 ein Plattendeal mit Columbia anstand.

Bei der legendären kanadischen Rockband Rush hatte Drummer John Rutsey mit seinen Kollegen Geddy Lee und Alex Lifeson bereits sechs Jahre Ochsentour bis zum lang ersehnten Plattenvertrag mitgemacht, um dann nach Einspielen der ersten Platte für Mercury Records (*Rush*, 1974) sofort wieder aus gesundheitlichen Gründen aus der Band zu scheiden. Sein berühmt gewordener Nachfolger war der heute jedem einschlägigen Rockfan bekannte Neil Peart.

Die Gruppe Oasis wurde oft mit den Beatles verglichen,

war aber in Wirklichkeit wie die Kinks: zwei Brüder, die sich ständig stritten, einer davon Songwriter. Gegründet hatten die Gallagher-Brüder die Band mitnichten. Es war eben jener unglückliche Tony McCarroll, der bereits in der angesagten Rockgruppe Rain aus Manchester trommelte und auf der Suche nach einem neuen Lead-Sänger Liam Gallagher in die Band holte. Mit Liam hatte sich die Gruppe allerdings auch Bruder Noel eingefangen, den Tony seit seiner Jugend kannte. Dieser übernahm kurz darauf das Diktat, verfasste alle Songs der Band im Alleingang und taufte Rain um in »Oasis«. Obwohl Oasis bereits mit ihrem Debüt die Spitze der britischen Charts erreichte, wurde Tony McCarroll kurzerhand vom Gruppendespoten Noel Gallagher rausgeworfen, weil ihm für das zweite Album anspruchsvollere Drum-Parts vorschwebten. Ob Noel Gallagher mit seiner Skepsis Recht hatte, ist schwierig zu beurteilen, aber *(What's The Story) Morning Glory?* (1995) wurde das klassische, das meistverkaufte Oasis-Album bis heute. 1999 verklagte Tony McCaroll Oasis auf 18 Millionen Pfund, die ihm zuständen, weil er Teil des Fünf-Alben-Deals mit der Plattenfirma gewesen sei und auch bereits für das Debüt-Album musikalische Ideen geliefert hätte. Im März 1999 akzeptierte er außergerichtliche 550.000 Pfund mit der Zusage, auf künftige Tantiemen-Forderungen zu verzichten.

Nirvana, die Grunge-Gruppe aus Aberdeen bei Seattle, bestand lange Zeit im Prinzip nur aus Songschreiber, Gitarrist und Sänger Kurt Cobain und Bassist Krist Novoselic.

Der Posten des Schlagzeugers war eine Drehtür. Als Cobain und Novoselic eine Creedence-Clearwater-Revival-Band gründeten, saß ein gewisser Steve Newman am Set, in einer anderen Kombination war es ein Schlagzeuger namens Bob McFadden. Der dritte Anlauf sah Aaron Burckhard am Schlagzeug, der im Internet als Gründungs-Drummer von Nirvana gilt. Nach dessen Umzug in die benachbarte Stadt Olympia hieß der neue Drummer Dale Crover, bekannt durch seine Arbeit mit den Melvins. Da dieser jedoch kurzfristig nach San Francisco zog, stieß Dave Foster als Drummer Nummer Fünf zu Nirvana. Der erste Drummer, der Feuer und Flamme für das Projekt von Cobain und Novoselic war, ist unsere Nummer Sechs: Chad Channing, der auf dem Debütalbum *Bleach* (1989) spielte, ein Musiker, der sich für Nirvana die Seele aus dem Leib trommelte. Doch Kurt Cobain wollte höher hinaus. In seinen Tagebüchern notierte er »stümperhaft« zu Chad Channings Drum-Spiel und setzte interimsweise Dan Peters von Mudhoney ans Schlagzeug. Erst als Drummer Nummer Acht auftauchte, war Kurt Cobain glücklich. Mit Dave Grohl als festem Schlagzeuger ging Kurt Cobain auf seine kurze Reise zu den früh verstorbenen Legenden der Rock-Musik.

Channing, der bis heute als Musiker aktiv ist, konnte mit der Affäre 2014 seinen Frieden anlässlich der Einführung von Nirvana in die »Rock and Roll Hall of Fame« schließen. Er wurde öffentlich von Dave Grohl als besonders wichtig für die Band hervorgehoben, viele der berühmten

Schlagzeug-Parts von Nirvana auf dem Erfolgsalbum *Nevermind* (1991) hätte er, Dave Grohl, direkt von ihm übernommen.

Und nun, Trommelwirbel: Der bekannteste Drummer, der kurz vor dem steilen Karriereaufstieg ausgebootet wurde, ist natürlich Pete Best aus Liverpool.

Als ich ihn gemeinsam mit meiner Frau live auf der Showbühne eines amerikanischen Kreuzfahrtschiffes erleben durfte, waren die Emotionen im mit Beatles-Fans vollbesetzten Zuschauersaal zu greifen. Die humorvoll vorgetragene und auch spannende Lebensgeschichte des ersten richtigen Beatles-Drummers bis zu seiner Entlassung durch John, Paul und George im Jahre 1962 rührte das Publikum enorm, die zahlreichen Tränen und Standing Ovations am Schluss der Veranstaltung bestätigten dem mittlerweile weit über 80-Jährigen ein weiteres Mal, dass er heute von der Beatles-Gemeinde als essentieller Teil der Liverpooler Erfolgsgeschichte betrachtet wird. Diesen sympathischen und bodenständigen Mann live zu erleben, lässt einen natürlich wieder grübeln, warum die anderen Beatles ihn nicht länger in der Gruppe haben wollten. Vielleicht das: Eventuell fehlten ihm genau jene Ecken und Kanten, die wir bei John, Paul und George ja zur Genüge durch ihr Werk und andere Quellen studiert haben und die gemeinsam einen enormen kollektiven Ehrgeiz entfachten – Pete Best war vielleicht ein bisschen zu empfindsam und normal für das Unternehmen »Größer als

Elvis«, Ringo schien den Gründungs-Beatles passender zu sein, robuster und humorvoller.

Dabei hatten John, Paul und George der Familie Best ganz viel zu verdanken. Der von Petes Mutter, Mona Best, gegründete »Casbah Coffee Club« im Keller ihres Wohnhauses in 8 Haymans Green, Liverpool, war das erste Bühnen-Zuhause der Beatles. 44mal spielten die Beatles dort und entwickelten sich langsam, aber stetig hin zu einer gefragten, semi-professionellen Band. Der heimlich länger schon trommelnde Pete Best war durch die Auftritte der Beatles im Keller seines Wohnhauses natürlich bestens mit der Musik der Gruppe vertraut und hatte auch einige Male bei ihnen einsteigen dürfen. Im August 1960, kurz vor dem Reiseantritt nach Hamburg, fiel die Entscheidung, Pete Best fest als Schlagzeuger mit in die Gruppe zu nehmen. Ab dem 17. August 1960 war Pete Best selbst ein Beatle und unverzichtbarer Teil der legendären und oft beschriebenen musikalischen Ochsentour, die aus talentierten Jugendlichen musikalische Profis machte.

Am 6. Juni 1962 schlug jedoch in den Abbey Road Studios die Stunde der Wahrheit. Der künftige Produzent George Martin zeigte sich unzufrieden mit den Qualitäten von Bests Spiel, teilte dies aber nur Manager Brian Epstein diskret mit. Was nun genau noch an weiteren Diskussionen zwischen Brian, John, Paul und George im Hintergrund ablief, ist bis heute nicht näher geklärt. Nur die nackten Fakten: Fast auf den Tag genau nach zwei Jahren Beatle-Sein spielte Pete Best am 15. August 1962 zum letzten Mal live mit den Beatles. Am Tag darauf überließ der feige Rest dem Manager Brian Epstein die Drecksarbeit, der in seinem Buch *A Cellarful Of Noise* beschrieb, wie er Pete die Botschaft der Gruppe persönlich übermitteln musste: *»Wir wollen Pete raus haben und Ringo drin.«*[2]

Mit Jahre später geäußerten Statements wollten die für Petes Entlassung Verantwortlichen unterstreichen, dass sie schon während der Hamburger Zeit mit Pete Best musikalisch unzufrieden gewesen waren. Doch vor allem wollten John, Paul und George mit diesem Argument kaschieren, dass sie sich damals nicht einem fairen und würdigen Abschied von Pete gestellt hatten.

Zum Zeitpunkt von Ringo Starrs Einstieg bei den Beatles mag der Drummer von Rory Storm routinierter gewesen sein als Pete Best, aber sicher nicht Klassen besser. Auf den Aufnahmen mit Sänger Tony Sheridan hört man mit Pete einen gut aufgelegten Rock'n'Roll-Drummer, der gerne rhythmisch Druck macht, also nach vorne spielt. Frühe Beatles-Nummern wie *She Loves You* oder *A Hard Days` Night* wären für Pete Best kein Problem gewesen. Ob er allerdings als Drummer den kontinuierlichen Innovationsschub der Beatles mitbefeuert und mitgetragen hätte wie der immer gleichzeitig stoische, humorvolle und erfindungsreiche Ringo, darüber lässt sich in der Rückschau

---

[2]   Epstein, Brian: A Cellarful Of Noise, S.68

nur spekulieren. Dass sich die Rest-Beatles aber nie mehr bei Pete Best persönlich blicken ließen geschweige sich denn mal bei ihm entschuldigten, wirft definitiv einen Schatten auf die Persönlichkeit unsere geliebten Liverpooler.

KONNTEN SICH DIE BEATLES VER-KOMPONIEREN?

Von Anfang an war das Songschreiben Johns und Pauls Mission. Dass sie allerdings vor Start ihrer Karriere bei der EMI bereits eine unglaublich hohe Anzahl von Songs geschrieben hätten, war eher Angeberei der jungen Songwriter als beweisbare Tatsache. Mit ihrem zu Beginn stark führenden Produzenten feilten sie hart an ihren ersten Single *Love Me Do* (1962). Erst nach drei Fassungen mit drei unterschiedlichen Schlagzeugern reckte George Martin den Daumen hoch. Die Nummer erreichte Platz 18 der nationalen Charts, immerhin. Um sich zähflüssige Arbeit wie bei *Love Me Do* zu sparen und den Beatles einen »sicheren Nummer Eins-Hit« zu verpassen, ließ er die Gruppe danach den von Mitch Murray komponierten Song *How Do You Do It?* aufnehmen. Zwar brachten die Beatles die etwas biedere Nummer brav auf Band, weigerten sich aber, diese als zweite Single-Veröffentlichungen zu akzeptieren. Die frechen Newcomer sollten Recht behalten: Das selbst komponierte *Please, Please Me* wurde ihr erster Nummer-Eins-Hit. George Martin reichte schnell das von den Beatles abgelehnte *How Do You Do It?* an Gerry and The Pacemakers durch, die damit im April 1963 wiederum ihre erste britische Nr. 1 platzieren konnten.

Als die Beatles mit diesem kleinen Coup die Produktions-Regeln im Studio neu justiert hatten, preschten sie mit eigenem Songmaterial von Erfolg zu Erfolg, Cover-Songs landeten nur noch als Füllmaterial auf den LPs. John und Paul produzierten sogar Song-Überschüsse, die vom cleveren Manager Brian Epstein an seine Neben-Künstler aus Liverpool durchgereicht wurden: Billy J. Kramer & the Dakotas, The Fourmost, Tommy Quickly und Cilla Black nahmen Songs auf, »the Beatles gave away«.

Von der ersten LP *Please, Please Me* (1963) an war die Professionalität und Gradlinigkeit erstaunlich, mit der John und Paul zu Werke gingen, die selbst komponierten Titel schlugen die auf den LPs noch vorhandenen Cover-Songs meist um Längen. Das Faszinosum von Beatles-Songs war der ständige Form- und Methodenwechsel. Von Single zu Single, von Titel zu Titel probierten John und Paul immer Neues aus. Klare Vorbilder existierten, aber der Schritt nach vorne war immer unverkennbar. Es war eine besondere Mischung aus Schlichtheit und Raffinesse, aus Volkstümlichkeit und Cleverness, aus Offensichtlichkeit und Originalität, die Beatles-Nummern ausmachte und vielleicht auch noch kommende Generationen faszinieren wird.

Zum Schluss noch die Frage aus dem Titel dieses Kapitels beantwortet: Konnten sich die Beatles ver-komponieren? Im Prinzip nein, Melodieführung und harmonische Progressionen folgen immer einer gediegenen Mischung aus musikalischer Stringenz und gut dosierten Überraschungen, die Ohrwürmern so eigen ist. Nur in einem einzigen Beatles-Song existiert eine Stelle, bei der ich auch heute noch, nach zigfachem Hören, immer zusammenzucke und das ist die Bridge von *Do You Want To Know A Secret?* Sie klingt harmonisch schlampig gemacht und warum, hat mein guter Freund, Bass-Virtuose und Musikpädagoge Berthold Basten vollendet in einem Facebook-Kommentar auf den Punkt gebracht:

»Wir kadenzgeschulten Jazzer entdecken an dieser Bridge den für unsere Ohren schwachen Punkt: den fehlenden kadenziellen Bezug. In der Tat wechselt die Bridge unvermittelt und für unsere Ohren »schwach« in eine andere Tonart, hier A-Dur. Der Moll-Akkord auf H schwächelt, weil er uns zuvor kraftvoll in E-Dur als Dominantseptakkord erschienen ist. Nun nimmt er auf der II.Stufe in A-Dur eine glanzlose Stellung ein. Hier haben die Jungs, arglos und auch ideenlos, einen kompositorischen Schwachpunkt kreiert. Spielt man die Bridge aber alleine, ohne vorher aus E-Dur raus zu müssen, hat es etwas von Patti Smith in meinen Ohren ...etwas einfach, aber nicht schlecht.«

Besser hätte ich es nicht formulieren können, da haben wir also die Stelle, an der sich die Beatles einmal ver-komponierten. Dies ist allerdings angesichts der Umstände, unter denen die Gruppe dieses Material abliefern mussten, eine lässliche Sünde. Die Nummer ist nämlich Teil der Mammut-Session vom 11. Februar 1962, als die Beatles insgesamt 77 (!) Takes performten und zum Schluss zehn fertige Nummern für ihr Debut-Album *Please Please Me* (1963) ablieferten. Da blieb für Feinheiten wie das Korrigieren einer kleinen

Bridge nicht genügend Zeit, und wer das bedenklich findet, der darf gerne zur Abwechslung mal alle frühen Rolling Stones-Alben durchhören.

46

FRÜHE STRANDJUNGS
UND KÄFER IM VERGLEICH

Ich hatte fast vergessen zu erwähnen: Ja, die kalifornischen Beach Boys waren knapp, aber zeitlich doch vor den Beatles am Start. Anders als die Liverpooler Musikbande waren die Beach Boys ein braves Familienprojekt aus der kleinen Ortschaft Hawthorne in Kalifornien. Vater Murry war Maschinengroßhändler und Gelegenheitskomponist, die ganze Familie betrieb zu Hause anspruchsvollen A Cappella-Gesang. Und seit 1960 trieb Daddy Wilson die Karriere seiner Söhne Brian, Carl und Dennis voran, die – nachdem sie sich auch E-Gitarre und Schlagzeug besorgt hatten – gemeinsam mit ihrem Vetter Mike Love als »Beach Boys« auftraten. Als die künftigen Konkurrenten noch in Hamburg an ihrer Live- und Song-Routine feilten, konnten die Strandjungs bereits zum Jahresende 1961 mit der Single *Surfin´* in den US-Billboard-Charts auf Platz 75 einsteigen.

Obwohl sie deutlich weniger instrumentale Erfahrung hatten als die Liverpooler, konnte mit dem Talent des Songschreibers Brian bald ein Plattendeal unter Dach und Fach gebracht werden. Und *Surfin' Safari*, das erste, noch mit zusätzlichen Studiomusikern eingespielte Album bei Capitol, war im Oktober 1962 im Handel. Die Single *Surfin U.S.A.* wurde ihr erster großer Hit.

Die Parallelen sind zunächst unübersehbar: Beide Bands schrieben ihre eigenen Songs, beide Bands konnten eine jugendliche, meist weibliche Anhängerschaft begeistern. Bei den Beatles ging es ums Tanzen und Händchenhalten, bei den Beach Boys ums Surfen oder um das Rumfahren in besonders schnittigen Autos. Und beide Bands entfernten sich bereits von Anfang an in kleinen, aber feinen Schritten weg vom Rock'n'Roll der älteren Sorte.

Schon beim ersten großen Beatles-Hit *I Want To Hold Your Hand* (1963) zeigen sich diese innovativen Momente – statt der im Rock'n'Roll durchgängigen Dur-Harmonik benutzen die Beatles die parallelen Mollakkorde gleichberechtigt: Klassische MusikerInnen kennen die ersten vier Takte der Nummer als Anfangs-Harmonik des »Pachelbel-Kanons«. Durch Wiederholung und harmonische Fortführung werden diese vier Pachelbel-Takte zu einem 12-taktigen A-Teil verlängert. Das ist interessant, denn die Norm beim damaligen Standard-Popsong, egal ob AABA-Form oder Strophe-Refrain-Schema sind 8 oder 16 Takte. In der Bridge deuten John und Paul die erste zur fünften Stufe um, es wird in die Tonart der Subdominante moduliert. Nach sieben Takten unterbrechen die Beatles das regelmäßige Schema der Bridge und packen noch vier Takte als Steigerungsteil oben drauf, Takte, die man bereits als Intro gehört hatte; es geht zurück zum A-Teil, dieser Formteil kommt somit auf eine Länge von 11 Takten. Die Beatles modifizieren also bestehende Form-Schemata behutsam und organisch, erst bei einer metrischen Analyse offenbart sich die Raffinesse der Faktur.

Nimmt man zum Beispiel *I Get Around* (1964) von den Beach Boys als Vergleichsstück, sind die harmonischen Wagnisse größer als bei den Beatles, wirken zuweilen aber auch konstruierter. Brian Wilson demonstriert hier seinen Hang zu mediantischen Akkordbeziehungen (G – E / F – D7), der sich im Verlauf seiner Karriere noch verstärken sollte. Was bei den Beatles organisch und vielleicht unbewusst richtig daher kommt, ist bei Brian Wilson geplant: Das Intro ist ein harmonisch auf die Hälfte geschrumpfter Refrain oder, wenn man so will, ist der Refrain ein augmentiertes Intro. Im weiteren Verlauf der Nummer fallen professionelle Arrangement-Tricks auf, die der junge Brian bereits in souveräner Weise beherrscht: Einschub von Extratakten mit instrumentalen oder sonstigen »Features«, um die Aufmerksamkeit des Hörers frisch zu halten, Halb- oder Ganztonrückungen zur Steigerung der Spannung. Letzteres übrigens ein Mittel, auf das die Beatles nicht einmal in ihrer Karriere zurückgriffen. Zu sehr waren John und Paul Komponisten mit einem klar umrissenen Akkord-Repertoire auf der Gitarre; das verlockende Rücken und Modulieren am Piano, welches Brian Wilson aus dem Eff-Eff beherrschte, war ihnen fremd.

BEATLES-BOOM

Die weltweite Beatlemania begann mit dem Auftritt der Beatles in der Ed Sullivan Show am 9. Februar 1964. Allein für die 728 Sitze im Studio gab es 50.000 Ticket-Anfragen, 73 Millionen Zuschauer erlebten den legendären Beatles-Auftritt vor dem Fernseher. Die Hysterie um die Gruppe überstieg schnell alles, was man bisher bei anderen Teenager-Stars wie Frank Sinatra oder Elvis Presley erlebt hatte. Die Nachfrage nach Beatles-Platten und Beatles-Merch[3] schien plötzlich unendlich zu sein: Es gab Anstecker, Perücken, Spiele, Puzzles, Puppen und die schicken »Beatles Boots«. Selbst kleine Schnipsel von Handtüchern, welche die Beatles angeblich in Hotels benutzt hatten, wurden von den kreischenden Teenagern gekauft.

Die deutsche Zeitschrift BRAVO gab ihren ursprünglichen Schwerpunkt »deutscher Schlager und deutsches Kino« auf, schwenkte vollends auf britische Beat-Musik um und wurde mit wöchentlich steigenden Umsätzen belohnt. Die deutschen Schlager-Sängerinnen Charlotte Marian, Monika Grimm und Peggy Peters sangen gemeinsam als »Sweetles« den unsäglichen Titel *Ich wünsch mir zum Geburtstag einen Beatle* (1963). War das schon unter aller Kanone, die Herren von »Mama Betty's Band« aus Hamburg konnten mit ihrer Hommage *Wie John, Paul, George und Ringo* (1963)

---

[3] Merch = Merchandising-Ware

das textliche und musikalische Niveau der Sweetles noch unterbieten. Um sich von solch anbiedernden Produktionen nicht die Erträge schmälern zu lassen, bestand die deutsche EMI Electrola auf der deutschsprachigen Single *Komm gib mir deine Hand / Sie liebt dich*, welche die Beatles am 29. Januar 1964 in Paris hastig mit einem eingeflogenen deutschen Sprachcoach einsangen.

Schnell zurück nach Amerika: Der berühmt-berüchtigte Produzent Phil Spector hatte auch die Lunte der Beatlemania gerochen und verpasste einer jungen Background-Sängerin namens Cherilyn La Piere ein Beatles-Soundalike namens *Ringo, I Love You* (1964). Der Song wurde unter dem Pseudonym Bonnie Jo Mason veröffentlicht und war die erste Solo-Veröffentlichung jener Sängerin, die später als »Cher« Weltruhm erlangen sollte.

Apropos Ringo: Als dem Drummer im Dezember 1964 die Mandeln entfernt wurden (»tonsils«) meldete die BBC aufgrund einer schlampigen Datenweitergabe, Ringo Starr seien die Zehennägel (»toenails«) entfernt worden, worauf entsetzte Fans stundenlang die Telefon-Leitungen des Senders blockierten. Als der Nachrichten-Fehler geklärt war, genügten den Fans stündliche Bulletins über das Befinden von Ringo nach der Operation.

Wenn man auf der Suche nach historischen Artefakten rund um diesen Fan-Wahnsinn ist, bieten liebevoll zusammengestellte Sammlungen wie das Beatles-Museum in Halle oder jenes im niederländischen Alkmaar eine überwältigende Menge an Krempel, der um die Beatles herum produziert wurde. Ganz unschuldig an diesem schnellen Geschäft war Brian Epstein, Entdecker und Manager der Gruppe, nicht: Seine eigens dafür gegründete Firma »Selteab« (Beatles rückwärts) versuchte, ständig neue Fan-Artikel auf den Markt zu werfen und natürlich nicht-exklusiven Merch verbieten zu lassen. Dazu absolvierten die Beatles in den Jahren 1963 und 1964 ein unglaubliches Arbeitspensum, das die Beatlemania immer weiter befeuerte und welches man vielleicht anhand dieser Aufzählung erahnen kann:

Die Beatles spielten im Tonstudio der Abbey Road acht Singles ein, die zum größten Teil nicht auf den LPs enthalten waren, ihre ersten vier LPs mit insgesamt 56 Stücken und dazu noch sieben EPs (Exented Plays mit je vier Stücken), die auch Songs enthielten, die sich nicht auf den LPs befanden.

Sie standen dem britischen Radio und Fernsehen mit zahllosen Interviews zur Verfügung, des Weiteren mit Studio-Aufnahmen für die bekannten BBC-Sessions, daneben wurde auch direkt (z.B. über die Christmas Discs) Kontakt zu den zahllosen Beatles-Fans gehalten.

Sie waren live unterwegs: 1963 drei England-Tourneen mit insgesamt 69 Auftrittsorten, dazwischen eine sechstägige Schweden-Tournee, 1964 drei Wochen täglich im Pariser Olympia, drei Tage Stippvisite in Amerika mit der bereits erwähnten ersten Ed Sullivan Show, 11 Tage durch Fernost inklusive Australien und Neuseeland, 31 Tage große

Amerika-Tournee, 27 Tage große Großbritannien-Tournee und Ende 1964 über 20 Tage tägliche Christmas Show im Hammersmith Odeon in London.

Und nicht zuletzt: Zwischen all diesen Termin-Verpflichtungen konnten sie auch noch als Schauspieler in ihrem eigenen Kino-Debüt *A Hard Days' Night* (1964) agieren. Und so wundert es nicht, dass die Beatles auf dem herbstlichen Cover von *Beatles For Sale* (1964), der noch schnell für den Weihnachtsbaum produzierten LP, ein wenig erschöpft in die Linse des Fotografen schauen.

FUN OR FACT? WIE DIE ZENTRALE TANZSCHAFFE DER VIER PILZKÖPFE AUS LIVERPOOL IM JAHR 1964 BEINAHE EIN DEUTSCHE LP AUFNAHMEN

Es hört sich an wie eine Boeing 737, die gerade landet. Oder wie 737 Lehrer, die gleichzeitig mit Kreide auf einer 50 Meter langen Tafel spitze Geräusche machen. Oder wie 737 Scottish Terrier, die alle gleichzeitig herzzerreißend winseln, jeder vor seinem eigenen Mikrophon. Nein, es hört sich wie alles zusammen an: Ein entsetzlich hoher, kollektiver Ton, der einem durch Mark und Bein geht, einem den letzten Nerv raubt und – wenn er vorbei ist – eine akustische Erinnerung bleibt, die einen nachts nicht mehr schlafen lässt. Der Klang von Mädchen, jungen, verschwitzten, kreischenden Mädchen. Egal, wo die vier auftauchen. Dieser hohe, kollektive, pubertäre, nicht enden wollende Superschrei.

»Probiert mal die Ohrenstöpsel hier, die sind super, die trage ich schon seit drei Wochen!« sagt Ringo und verteilt kleine, weiche rosa Kügelchen an seine Kollegen. »Deswegen hörst du nie meinen Anzähler!« Paul fällt es wie Schuppen aus dem frisch gefönten Pilzkopf, »so geht das aber nicht!« »Mmmh, die sind lecker«, meint John und hat alle seine Kügelchen bereits verputzt. »Ihhhh, die hatte Ringo garantiert schon in seinen Ohren«, vermutet George. »Quatsch, die Marshmallows sind frisch aus der Tüte!« wehrt sich Ringo. »Sind wir denn jetzt schon populärer als Elvis?«, wechselt John das Thema. »Niemals«, meint Paul, »Elvis hat schon dreiundfünfzig Filme gemacht, wir haben aber gerade einen kleinen Kinofilm.« »Und der war auch nur in Schwarz-Weiß«, fügt George hinzu. »Genau, schwarz-weiß, so ein Scheiß«, eifert John, »der nächste muss in Farbe sein und mit viel mehr hübschen Mädchen!« »Aber nur Mädchen, die nicht schreien«, sagt George und seine drei Kumpels nicken. »Dieses Geschrei, das ist wie Weltkrieg Zwei«, meint John ernst. »Gute Idee für einen Song«, ergänzt Paul, »Shoobi-doo, shoobidoo, you are to me like world war two«.

Da erscheint ein Abgesandter der deutschen EMI Electrola. »Marshmallows gefällig?« Der deutsche Gesandte lehnt höflich ab. Er druckst herum und tänzelt von einem auf das andere Bein. »Was ist denn los, du Kraut?«, meint John, während er Pauls typische Wackeldackel-Bewegung mit dem Kopf imitiert. »Ähm«, meint der studierte Prokurist Fried-helm Schultze aus Hamburg, »wir haben da eine Sitzung bei der EMI Electrola gehabt und wir dachten uns, vielleicht wäre es schön, wenn wir auch eine deutsche LP von den Beatles bekämen. »Eine Nazi-LP?«, eröffnet George LP den gehässigen Verbalreigen, der nun auf den armen deutschen Gesandten niedergeht. »Blitzkrieg Baby, Blitzkrieg Baby«, rockt John sofort los und nimmt einen späteren Hit der Ra-mones um glatte 12 Jahre vorweg. Doch wieder wechselt John abrupt das Thema:

»Brian, sag mal, sind wir jetzt populärer als die Queen?« »Auf jeden Fall, denn das, was unsere alte Dame in ihrem kleinen Souvenir-Shop im Buckingham Palace monatlich an die Touristen verscherbelt, ist lächerlich gegen das hier. Darf ich bitten?« Auf einen Wink kommen drei hübsche EMI-Mitarbeiter mit großen Kisten herein, in denen sich eine Auswahl der aktuellen Merchandising-Ware der Beatles befindet:

Beatles-Perücken, Hüte, Socken, Eiscreme, Kekse, Eierbecher, Möbel, Puppen, Brettspiele, Beatles-Bettwäsche, Regenschirme, Fußbälle und original Beatles-Atem in der Dose. »Was ist mit Beatles-Tampons?« »Ich bitte dich, John, wir bleiben geschmackvoll! Und hier ist eure Arbeit für den Nachmittag. »Oh Gott, nicht die großen Säcke mit den Autogramm-Wünschen!«. Da kommt zum Glück und zur Ablenkung George Martin herein. »Jungs, ihr wisst, dass ihr der EMI für Weihnachten noch eine Platte schuldet?« »Wir haben keine Songs mehr in der Schublade!« »Dann müsst ihr wieder Cover-Songs auf die Platte packen!« »OK, wir singen *Tutti Frutti*, *Blitzkrieg Baby* und *Der Führers Face*«. Das Gesicht von Prokurist Friedhelm Schultze, den alle vergessen hatten, der aber immer noch in der Ecke steht, hellt sich auf. Bahnt sich hier vielleicht die deutschsprachige Veröffentlichung an, die er sich erhofft hat? Ohne die Beatles um Erlaubnis zu fragen, singt er die peinlichste aller Elvis-Veröffentlichungen in den Raum hinein: »Muss i denn, muss i denn zum Städele hinaus, Städele hinaus.«

Es entsteht eine Riesenpause. Mit eisigen Gesichtern wird der bedauernswerte Deutsche von John, Paul, George, Ringo, Brian und George gemustert. »Sollen wir die Tür aufmachen?«, fragt John die anderen. Alle nicken. »Nein, bitte nicht!« sagt Friedhelm Schultze, doch es ist zu spät. Mit vereinten Kräften schieben ihn die kräftigen Sechs aus der Tür, durch deren sich öffnenden Spalt ein hoher, kollektiver, pubertärer Superschrei zu hören ist. Das ist das letzte Mal, dass man bei der EMI von dem braven deutschen Prokuristen aus Hamburg hörte.

BEATLES VERSUS STONES

»*Als die Rolling Stones zum ersten Mal in Kalifornien auftraten, veröffentlichten einige Anhänger folgenden Aufruf: ›Seid gegrüßt und willkommen, Rolling Stones, ihr Kameraden im verzweifelten Kampf gegen die Wahnsinnigen an der Macht [...] Die nennen uns Gammler, Verbrecher, Wehrdienstverweigerer und Rowdys [...] Aber wir werden eure Musik in Rock'n'Roll-Blaskapellen spielen, wenn wir die Gefängnisse niederreißen und die Gefangenen befreien, die militärischen Einrichtungen zerstören und die Armen bewaffnen, ausSchutt und Asche eine neue Gesellschaft schaffen.*‹«[4]

Was heute gerade noch für einen Disput im Gemeinschaftsraum des betreuten Wohnens reicht, war Mitte der 1960er Jahre essentiell: Man war entweder Beatles- oder Stones-Fan, etwas dazwischen schien es nicht zu geben. Zwischen den vier netten Jungs aus Liverpool und den schmutzigen, randalierenden Stones schienen Welten zu liegen. »Würden Sie Ihre Tochter mit einem Rolling Stone ausgehen lassen?«, fragte damals eine britische Tageszeitung und schuf damit eine stehende Redewendung. Aus der Rückschau scheinen solche Urteile verblüffend, ging es doch zunächst nur um ein paar Zentimeter Haare mehr und um die Weigerung der Stones, sich so anzuziehen, wie es die Show- und Fernsehmacher für nötig hielten, um die Ehre

---

[4] Tony Palmer: All You Need Is Love, Droemer Knaur 1977, S.278

des Britischen Empires zu retten. Gerade dieses bisschen mehr aber entzündete den Funken bei einer durch Elternhaus, Schule und Kirche gegängelten Jugend. Die Beatles hatten das Glück (oder das Pech), die ersten zu sein. Brian Epstein hatte die Beatles in maßgeschneiderte Uniformen nach seinem Gusto gesteckt und achtete auf ein blitzsauberes Image und eine gründliche PR-Arbeit, die junge Mädchen und ihre Eltern nicht abschreckten. Als dann die Stones auf der Bildfläche erschienen, entfuhr es John Lennon »So müssten wir aussehen.« Doch die Zielgruppen-Würfel waren gefallen: Die Beatles bekamen alle kreischenden Mädchen, die Stones den Rest.

Dass übrigens John und Paul den Rolling Stones einen besonders großen Karriere-Gefallen mit der Zur-Verfügung-Stellung des Songs *I Wanna Be Your Man* gemacht hätten, gehört in die Ecke des Journalisten-Klischees »Hinter den Kulissen waren sie doch dicke Freunde«. John hielt den Song selbst für eine Wegwerf-Nummer und bereits zwölf Tage nach der Stones-Version konnte man schon die von Ringo gesungene Fassung auf der LP *With The Beatles* (1963) hören. Auch erreichte die Stones-Single mit dem Beatle-Song nur Platz 12 der britischen Charts, war also weder Beginn der Stones-Karriere noch der kommerzielle Durchbruch. Denn schon vorher hatten sie sich in London und Umgebung als starke Live-Band einen Namen erspielt und waren mit ihrer ersten Single *Come On* (1963) im britischen Fernsehen aufgetreten.

Dass indes George Harrison Monate zuvor dem Decca-Chef Dick Rowe (»Der Mann, der die Beatles ablehnte«) die Stones als »gute Band« empfohlen hatte und sich die Stones daraufhin den Platten-Deal mit Decca sichern konnten, war eine entscheidende Starthilfe. Dazu kam die Amerika-Tournee der Beatles von 1964. Sie war der Türöffner für die Invasion des britischen Beats, also auch für den Erfolg der Rolling Stones, eine Tatsache, die Mick Jagger 1988 als Laudator bei der Einführung der Beatles in die Rock and Roll Hall of Fame besonders hervorhob.

Stones-Manager Andrew Loog Oldham hatte begriffen, welche Knöpfe er nun drücken musste und bastelte weiter am Anti-Beatles-Image. Für das Album *The Rolling Stones No. 2* (1965) verfasste er folgende legendären und infamen Liner Notes:

»Es ist der Sommer der Nacht, die Augen von London sind geschlossen bis auf zwölf Späher und sechs Typen, die voll drauf sind und die Straßen herunter paradieren. Mit Zeitungen bedeckt und grau, die auf den nächsten Tag warten, um sein anrüchiges Gesicht zu verbergen; die sechs sind in eine andere Sphäre gereist, wo die Anteile in acht Monaten oder einem Jahr ausbezahlt werden.... Hier drin ist die neueste Scheibe der Stones. Greift tief in eure Taschen und holt die Beute raus und kauft die Platte mit dem ausgeflippten Zeug und ihren Texten. Wenn du die Mäuse nicht hast, siehst du diesen Blinden da, hau ihm eins über den Schädel, klau seine Brieftasche und auf ruckzuck ist die

Beute gemacht. Wenn du die Platte einsteckst, ist alles o.k. Wieder eine verkauft.«

Beide Gruppen hatten ihr nötiges musikalisches Handwerk gelernt, auf Platte lagen jedoch Welten zwischen beiden Bands: Während die Beatles unter der Fuchtel von Produzent George Martin feinstes Song-Porzellan mit teils blumigem Dekor ablieferten, sprang einem bei den Stones der Kitt aus der Brille: Die ungestüme und durch keinen musikalischen Regisseur gebremste Blues-Energie der Gruppe auf Vinyl zu bannen, war eine besondere Herausforderung und nicht bei jedem Track von Erfolg gekrönt. Ganz anders in der Live-Situation: Weit entfernt von Zeiten intimen Musizierens im Cavern oder Hamburg, sahen sich die Beatles mit hysterischem Geschrei und unhaltbaren akustischen Verhältnissen konfrontiert, jeder Auftritt blieb der mal mehr, mal weniger gelungene Versuch, die ausgefuchsten Arrangements der Plattenaufnahmen zu reproduzieren. Oft wirkten die Beatles überwältigt von der hysterischen Kulisse und spulten nur noch tapfer ihre Nummern herunter. Die Stones hingegen schienen erst live richtig aufzuwachen. Besonders wenn sich im Publikum Ärger zusammenbraute, heizte Brian Jones durch Haareschütteln oder Kicks auf dem Tambourin die Stimmung weiter an. Der immer aufmerksame Mick Jagger lernte schnell und perfektionierte bald seine Performance mit für damalige Zeiten aufreizenden Bewegungen, zog sein italienisches Jackett aus und ließ es am Zeigefinger baumeln wie eine Stripperin ihren BH.

Wie die Geschichte weiterging, ist vermutlich jedem bekannt: Spätestens seit dem *Weißen Album* (1968) lösten sich die Beatles in ihre einzelnen Bestandteile auf, Mick Jagger und Keith Richards spielen hingegen immer noch *Satisfaction*, als lägen sechs Wochen und nicht sechzig Jahre seit der Veröffentlichung des Titels hinter ihnen. Dass den wackeren Multi-Millionären und Rock-Greisen immer noch der Geruch von Rebellion und Unangepasstheit vorauseilt, ist so wenig zu erklären wie die Tatsache, dass die Amerikaner Donald Trump zum Präsidenten wählten. Die Schlichtheit der einen Stones-Botschaft (*It's Only Rock'n'Roll, But I Like It*), eine zu jeder Tour perfekt anrollende Werbe-Lawine und die enorme Kondition von Mick Jagger bei seinen Live-Auftritten konservieren das alte Image so perfekt wie ABBA sich selbst mit ihren Avataren.

YESTERDAY & CO. – GASTMUSIKER AUF BEATLES-PLATTEN

Der homogene Beatles-Gruppensound löste sich bereits ab Mitte 1965 zunehmend auf. Lange bevor die Beatles den Entschluss fassten nicht mehr live aufzutreten, mutierten sie schon von einer Live- zur Studiogruppe. Die Gründe liegen auf der Hand: In den Live-Konzerten wurde nach wie vor vom überwiegend weiblichen Teenager-Publikum geschrieen statt zugehört. Mit den unzureichenden Tonanlagen der damaligen Zeit konnten die Beatles sich selbst kaum hören. Das Live-Repertoire verkam unter den hauptsächlich kommerziell ausgerichteten Bedingungen der Veranstalter: Die Beatles wurden in ein Stadion eingeschleust, spielten oft weniger als 30 Minuten lang ein paar Hits und wurden dann wieder von der Security hinausgeschafft, ein künstlerisch unbefriedigender Zustand.

Ab dem Album *Help* (1965) experimentierten die Beatles bereits mit E-Piano, Akustik-Gitarren und Percussion, bei einigen Gelegenheiten kam George Martin als fünfter Musiker an Tasteninstrumenten hinzu. Die bewusste Erweiterung der Klangpalette mündete konsequenterweise in der Bestellung des ersten externen Studiomusikers: Für *You've Got To Hide Your Love Away* wurde der Arrangeur und Flötist John Scott engagiert, der auf Tenor- und Altflöte das Solo im Zwischenspiel beisteuerte und dafür mit sechs Pfund, aber ohne Erwähnung auf dem Cover von *Help* das Studio verließ.

Paul McCartneys *Yesterday* wurde zunächst als Solo-Nummer gehandelt, doch dann entschieden sich die Beatles für eine Veröffentlichung unter dem Gruppennamen, obwohl Paul als einziger Beatles zu hören ist. Die einbestellten Musiker, die das von George Martin geschriebene Streichquartett einspielten, weigerten sich Kopfhörer zu benutzen. Stattdessen bekamen sie das Playback mit Pauls Solo-Fassung in den Raum hinein gespielt, Pauls Sound »suppte« mit auf die Streicherspuren. Dies war tontechnisch ein Kompromiss, aber im Rückblick (mit 2.200 offiziellen Coverversionen des Songs bis heute) einer, mit dem man sehr glücklich wurde.

Die LP *Rubber Soul* (1965) kam noch ohne Gastmusiker aus, aber auf *Revolver* (1966) expandierten die Beatles: Für *Eleanor Rigby* wurde ein Arrangement von George Martin von einem doppelten Streichquartett, also acht Musikern eingespielt. Auf *Got To Get You Into My Life* war zum ersten Mal eine schlanke Bläser-Sektion zu hören (Sounds Incorporated), auf *For No One* ein virtuos gespieltes Solo-Horn und für *Love You To* heuerte George einen Trupp indischer Musiker aus London an.

Klangen die Beatles auf *Revolver* bereits wie 14 unterschiedliche Bands, so gab es in den Jahren 1967 und 1968 kein Halten mehr: Anything was possible, die Beatles diversifizierten ihre Soundideen bis zur vollkommenen Aufhebung des einstmaligen Gruppen-Sounds. Vielleicht war die einzige musikalische Klammer Produzent George Martin, der das Gros seiner orchestralen Arrangements in dieser

Zeitspanne verfasste. Hier lohnt ein Blick auf die Übersicht mit Arrangements im Kapitel über George Martin.

Die zunehmende Entfremdung der Musiker untereinander sorgte für eine Überraschung auf dem *Weißen Album* (1968): Für *While My Guitar Gently Weeps* überließ George den Solo-Part dem befreundeten Eric Clapton. Im Rock'n'Roll Circus der Rolling Stones konnte man ein Jahr später die Fortsetzung erleben. John gab mit einer Art Supergroup seinen *Yer Blues* vom gleichen Album zum Besten: Clapton an der Gitarre, Keith Richards am Bass, dazu Hendrix-Drummer Mitch Mitchell. Es sollte die Blaupause für Johns künftige Plastic Ono Band sein.

Dass die Beatles frischen Input in Form von solchen Gastmusikern bitter nötig hatten, zeigte die Erfahrung mit *Get Back/Let It Be* (1970/2022): Erst als der stets gut gelaunte Keyboarder Billy Preston zu den quälend unproduktiven Studio-Sessions hinzustieß, brachten die Beatles wieder genügend Energie auf, um den Londonern aufs Dach zu steigen und ihr letztes Live-Konzert zu absolvieren.

FUN OR FACT? DAS EIGENTOR DER KRAUTS IM JAHR DES BALLS

Das sind schwarz-weiße Fernsehbilder, die sich tief in die Hirne der deutschen Flakhelfer und Frontsoldaten, der einstigen BDM-Mädels und sonstiger Bundesrepublikaner, die von allem nichts gewusst hatten, eingebrannt haben: Unsere Großeltern und Urgroßeltern konnten ihre feisten Wirtschaftswunderbäuche kaum noch halten, als am 19. Februar 1966 in der TV-Sendung *Einer wird gewinnen* Goebbels' Lieblings-Tanz-Orchesterleiter Willy Berking, Schlagersänger und Amiga-Schallplattenstar Bully Buhlan, der abgebrochene Opernsänger und Beine-von-Dolores-Besinger Gerhard Wendland und nicht zuletzt Mister Entertainment himself, Hans-Joachim Kulenkampff, die albernen Pilzköpfe des perfiden Albion aber so was von hochnahmen, dass die ganze »Beatlemania« oder wie die amerikanisch-jüdische Weltpresse den Tumult um diese halbstarken Radaumacher aus dem fernen Liverpool nannte, vollkommen lächerlich erschien.

Natürlich, Berking, Buhlan, Wendland und Kulenkampff waren feist und deutlich hässlicher als die Beatles, aber das waren die begeisterten deutschen Zuschauer dank Brathähnchen und Kartoffelsalat mit dick Mayonnaise drauf auch. Na klar, die vier falschen Beatles hüpften rum wie betrunkene Elefanten, aber es war lustig, wirklich! Diese Perücken, diese ungelenken Bewegungen, Mensch, wir Deutschen hatten es halt immer noch drauf. Nun gut, die vier machten zum Playback von *She Loves You* die Münder nur auf und zu, Yeah, Yeah, Yeah. Aber es war doch einfach zu köstlich. Nehmt das, ihr alliiertes Pack, Humor, das konnten wir Deutschen auch. Einer wird gewinnen und am Ende wir, das hat ja auch die weitere Nachkriegs-Geschichte gezeigt, vom künftigen Brexit mal ganz zu schweigen.

So weit, so albern. Doch diese hinterhältigen Inselbewohner mussten Spione in Deutschland gehabt haben, als sich die Westdeutschen zur Karnevalszeit über die lärmenden Liverpooler Mattenträger vor dem röhrenwarmen TV-Gerät zu Käse-Igel und Eierlikör beömmelten. Ein Denkzettel musste her und die anstehende Fußball-Weltmeisterschaft war dafür der geeignete Ort. Vor den Augen der Welt sollte die Ehre der Beatles verteidigt und die Glorie des alten Empires wieder hergestellt werden. In einer konzertierten Aktion bereiteten der englische Fußballverband gemeinsam mit Scotland Yard unter Billigung des Königshauses den unwahrscheinlichen, aber theoretisch möglichen Fall vor, dass die Nazis/Krauts/Hunnen ins Finale gegen die eigene National-Mannschaft kommen würden. Das Hauptproblem stellte dabei das für das Endspiel ausgeloste Schieds- und Linienrichter-Duo Gottfried Dienst (Schweiz) und Tofiq Bahramov (UdSSR) dar, die als einzige der englischen Mannschaft den Sieg im Mutterland des Fußballs besorgen konnten. Beide mussten jedoch aufgrund des enorm differierenden persönlichen Profils auf unterschiedliche

Weise bearbeitet und von der besonderen Großzügigkeit und uneigennützigen Hingabe des Gastgeberlandes an die Weltidee Fußball überzeugt werden.

Der Schiedsrichter Gottfried Dienst war eine harte Nuss. Bereits das Zimmer-Upgrade (Winston-Churchill-Suite) im zugewiesenen Schiri-Hotel irritierte den kaum einen Brocken britisch sprechenden Eidgenössler und Eigenbrötler. Als dann noch ein heimlich in die durchschnittlich schlechte Küche des Hotels eingeschleuster Spitzenkoch aus Paris ihm von Knall auf Fall feinste Gaumenschmäuschen kredenzte, beschwerte sich der mißtrauisch gewordene Herr Dienst (nomen est omen!) bei der Rezeption: Ihm bekämen diese neuen Gerichte nicht, das salzlose Gemüse mit den drei Sorten fader Kartoffeln wäre seiner Gesundheit zuträglicher. Erst als der Schiedsrichter in den vielen langweiligen Wartestunden im Hotel einen von Scotland Yard gedungenen Landsmann zum Schachspielen und Fachsimpeln über Fußball-Regeln fand, konnte die Indoktrination des Schweizers beginnen. Beim Russen Tofiq reichten Vodka, eine dralle Bordsteinschwalbe und die Versicherung, man würde ihn umlegen, wenn er nicht spurte – eine Sprache, die der sozialistisch geschulte Apparatschik von zu Hause aus verstand.

England stand – wie fast auf den Tag genau neunhundert Jahre zuvor – am 30. Juli 1966 im Wembley-Stadion vor einer nationalen Katastrophe. OK, nach 20 Minuten 1:1 durch Tore von Haller und Hurst, man musste ja dem Publikum etwas bieten. Dann lief alles erstmal nach Plan: In der 78. Minute versperrte Schiedsrichter Dienst Wolfgang Overath etwas tolpatschig den Weg und machte Platz für Martin Peters, der die Engländer 2:1 in Führung brachte. Und dann lief die Uhr ab, also sollte der Schiri Dienst jetzt jeden Moment abpfeifen. Jeden Moment, aber er pfiff nicht, er pfiff nicht, Damn It! Der deutsche Verteidiger Weber kam völlig unerwartet nach vorne und lochte bei den Engländern ein, 2:2. Verlängerung, die Londoner Taxis fuhren nicht mehr, alle U-Bahnen hielten an, Big Bens Zeiger standen still.

Nun musste etwas passieren, man musste etwas drehen, egal was. Die einzige Unbeteiligte am Drama war wie immer Queen Elizabeth die Zweite, die sich in solchen Momenten nationaler Erregung im Park mit ihren Corgis beschäftige. Ja, da kommt Hurst, Hurst schießt, der Ball trifft Unterkante Latte, prallt senkrecht nach unten, wird dann von Weber wieder ins Feld geköpft. Ja, was? Tor!? Gottfried Dienst ist verwirrt, er hat auch keine Ahnung, was das war. Er berät sich mit Tofiq Bahramov, welcher wiederum zu seinem Vertrauensmann von Scotland Yard hinüber blickt. Der britische Vertraute deutet mit der Hand eine aufgeschnittene Kehle an, dann ist für Tofiq klar, Tod oder Tor! Er entscheidet sich für Leben und Tor. Dienst sieht Tofiqs käsebleiches Gesicht, läuft zurück in die Mitte des Spielfelds und entscheidet auf 3:2 für England. Entsetzen und Empörung in Käse-Igelhausen und anderswo: Nein, das war doch niemals ... In den Kellern des Wembley-Stadions steht britisches Militär für den schlimmsten aller Fälle, eine

Revolte unter den Finalspiel-Zuschauern, bereit. Doch nichts passiert, im Gegenteil, die Engländer schießen noch ein Tor, Schluss aus, Revanche erfolgreich beendet.

Natürlich waren die Briten damals nicht fair, natürlich ging das alles nicht mit rechten Dingen zu, aber warum mussten sich die Deutschen auch über die Beatles lustig machen?

STRAWBERRY FIELDS FOREVER – VOM DEMO ZUM MASTER

Zunächst dies – *Strawberry Fields Forever* war der Beginn eines Konzept-Albums, aus dem nichts wurde. Schon in der handschriftlich überlieferten Ur-Version des Songs *In My Life* (1965) beschrieb John Lennon eine Busfahrt von seinem Wohnhaus ins Zentrum von Liverpool. In dieser frühen Textfassung tauchte bereits die *Penny Lane* auf, welche Paul dann in seinem gleichnamigen Song als Hauptthema aufgriff. Eine »Reise in die eigene Liverpooler Vergangenheit«, so hätte man die Titel *Strawberry Fields*, *Penny Lane*, *Being For The Benefit Of Mr.Kite*, *Sgt. Pepper's Lonely Hearts' Club Band* und meinetwegen *Lovely Rita* zusammen fassen können. Als aber die Liverpool-Single *Penny Lane / Strawberry Fields* separat vom Album erschien, war auch das Konzept-Album ad acta gelegt, an die Stelle eines inhaltlichen Zusammenhangs trat die grandiose Verpackung des Albums, das neue Corporate Design der Beatles: hippie-bunt, nostalgisch, anything goes.

Als 1995 der zweite Teil der *Anthology*-CDs erschien, konnte man endlich die drei wichtigsten Vorstufen des Stücks kennenlernen: Johns Demo, Take 1 und Take 7, dazu eine kollektive Trommel-Improvisation, die auch Teil des späteren Masters wurde. Vom Demo bis zum fertigen Master unterwarfen die Gruppe und Produzent George Martin *Strawberry Fields* immer neuen Veränderungen.

Das Demo[5] entstand im November 1966 im Haus von John Lennon. Auf der Aufnahme kann man hören, wie Lennon seinen Gesang mit einer Art »Country-Picking« begann, dann aber den eigenen Versuch mit »Not kinda good« (»Nicht besonders gut«) kommentierte. Er probierte eine andere Rhythmisierung der Begleitakkorde und schien zufrieden; er sang den Song in dieser Art bis zum Ende durch. Der zunächst in C-Dur angelegte Song bestand zu diesem Zeitpunkt aus zwei Strophen und einem Refrain. Die beiden Strophen entsprachen der späteren zweiten bzw. dritten Strophe. Der Text des Refrains lautete zu diesem Zeitpunkt »Let me take you back, cause I´m going to Strawberry Fields...« , was erst später in »Let me take you down...« geändert wurde.

Nun ging es in die Abbey Road Studios, in denen zu dieser Zeit auf Vierspur-Maschinen gearbeitet wurde: Waren alle vier Spuren voll, so musste man einen sorgfältigen »Mixdown« erstellen, d.h. in einem Stereo-Mix wurden vier Spuren auf zweien zusammengefasst, damit wieder Platz für weitere Aufnahmen geschaffen werden konnte. Am 24. November 1966 nahmen die Beatles gemeinsam Take 1[6] des Stückes auf. Paul spielte Mellotron (ein Tasteninstrument, auf dem Bandschleifen mit akustischen Instrumenten – Streicher, Flöten – abgespielt werden können), John Gitarre, George Slide-Gitarre, Ringo Starr Drums. John hatte eine weitere

---

[5]   Anthology 2, CD 2, Track 1

[6]   Anthology 2, CD 2, Track 2

Strophe verfasst, die nun als erste fungierte. Die textliche Arbeit war also in diesem Stadium bereits abgeschlossen.

Der formale Aufbau des Demos wurde um eine weitere Strophe und einen weiteren Refrain ergänzt, ein folgender Solo- oder Schlussteil endete in Kakophonie, hier brachen die Beatles Take 1 ab. Die Tonart war inzwischen H-Dur, also ein Halbton tiefer als beim Demo. Auch der Anfang der Strophe hatte sich harmonisch etwas verändert: Aus dem mediantisch gefärbten Akkordwechsel: G / Hm / Dm machten die Beatles G / Gmaj7/ G7 bzw. F#/ F#maj7/F#7, also einen bewährten chromatischen Durchgang bei gleichbleibendem Durakkord.

Vier Tage später, am 28. November, ging die Arbeit mit Take 2 bis 4 weiter. Doch erst die Takes des nächsten Tages – Takes 5 und 6 – brachten den Song entscheidend voran. Lennon versah Take 6 mit einem Vokal-Overdub, diese Version wurde wieder auf zwei Spuren »runtergemischt«, Take 7[7] genannt, und mit weiteren Overdubs versehen. Wieder hatten die Beatles entscheidende Veränderungen vorgenommen: Die Form wurde gegenüber Take 1 »vorne« um ein Intro und einen Refrain ergänzt, das Stück wurde wieder tiefer transponiert, diesmal um einen Ganzton nach A-Dur; die veränderten Akkordwechsel des Beginns wurden nun auf jede Strophe angewandt. Das Ergebnis wurde auf der Hülle des Tonbandes mit dem vorläufigen Vermerk

---

[7]   Anthology 2, CD 2, Track 3

»best« versehen; zunächst beendeten die Beatles ihre Arbeit an dem Stück und wandten sich den Aufnahmen von *When I´m Sixty-Four* zu.

Überraschung: Am 8. Dezember entschied sich John dafür, *Strawberry Fields* noch einmal komplett neu einzuspielen. Er wünschte sich »mehr Biss« für die neue Version, kehrte zur ursprünglichen Tonart C-Dur zurück und ging das Stück mit deutlich erhöhtem Tempo an. Die Beatles verbrachten den Tag mit den Rhythmus-Tracks zu dieser neuen Version, die als Takes 9 bis 24 in den EMI-Archiven dokumentiert sind. Am folgenden Tag wurden die Takes 15 und 24 auf Stereo »runtergemischt« und zusammengefügt, das Resultat Take 25 genannt. Auf dieses Take 25 wurden besondere Instrumente und Effekte wie eine indische Schwertmandela – ein zitherähnliches Instrument – und rückwärts abgespielte Beckenklänge overdubbt.

Eine Woche später, am 15. Dezember, trafen sieben Studiomusiker (vier Trompeten, drei Celli) in der Abbey Road ein, die das von John Lennon gewünschte und von George Martin in der Zwischenzeit geschriebene Arrangement für diese Instrumente zum Take 25 einspielten. Wieder erfolgte eine Stereo-Reduktion, um dem endgültigen Lead-Gesang von John Platz zu machen. Das nun entstandene Take 26 wurde mit dem Vermerk »best« versehen, die Arbeit an dem Stück schien beendet. Einen kurzen Ausschnitt dieser schnelleren C-Dur Version kann man in der Dokumentation *The Making Of Sgt. Pepper* hören.

Kapriole: Wieder eine Woche später, am 22. Dezember, kam John zu George Martin mit einem ungewöhnlichen Wunsch: Da ihm der erste Teil des Takes 7 und die zweite Hälfte des Takes 26 gleich gut gefielen, wünschte er sich eine Kombination der beiden Fassungen. Doch unterschiedliche Tempi und Tonarten (Take 7: A-Dur, Take 26: C-Dur) ließen den Produzenten an dem Vorhaben zweifeln. Am Ende setzte sich die Sturheit von Lennon durch und George Martin und der beteiligte Toningenieur machten sich ans Werk. Eine positive Überraschung bahnte sich an: Durch ein schnelleres Abspielen von Take 7 und ein langsameres Abspielen von Take 26 begegneten sich die Teile sowohl vom Tempo als auch von der Tonart: Die Kombination erwies sich als möglich, ohne dass ein offensichtlicher Bruch entstand. Take 7 wurde ein wenig über A-Dur angehoben, Take 26 um mehr als einen Ganzton abgesenkt. Dieses Vorgehen erklärt auch den merkwüdigen Klang von Lennons Stimme im zweiten Teil des fertigen Masters sowie den wuchtigen und etwas schwerfälligen Klang des Instrumental-Arrangements. Am 29. Dezember beendeten George Martin und die Beatles ihre Arbeit mit dem endgültigen Stereo-Mix dieser letzten Version.

Manche Beatles-Autoren behaupten, dass dieser Titel den historischen Beginn ausufernder Studio-Frickelei in der Popmusik markiert. Zugegeben, *Strawberry Fields Forever* war eine ausgedehnte Bastelei, aber die Ehre, der erste Ober-Frickler des Pop gewesen zu sein, gebührt eindeutig

Beach Boy Brian Wilson, der mit *Good Vibrations* den Vogel abgeschossen hatte. Vom 17. Februar bis zum 21. September 1966 strapazierte er bei der Produktion dieser Single die Nerven aller Beteiligten über Gebühr und trieb die Studiokosten in bislang unbekannte Höhen. Doch das ist eine andere, deutlich längere Geschichte.

ZEITGENÖSSISCHER SCHWURBEL – GOULD, BERNSTEIN & ADORNO

Jeder Jeck ist anders, wie man bei uns im Rheinland sagt, und das gilt ganz besonders für die Vertreter der klassischen Fraktion. Fantasievoll und verbal unnachahmlich eröffnet hier der kanadische Jahrhundert-Pianist Glenn Gould mit seiner zeitgenössischen Meinung über die Beatles und einem Zitat aus seinem Aufsatz »Auf der Suche nach Petula Clark«:

»Im Repertoire der Liverpudel wird die hemmungslose Stümperhaftigkeit des musikalischen Materials [...] eigentlich nur noch von der Unbeholfenheit der Studioproduktionen übertroffen. Strawberry Fields wirkt wie eine Zufallsbegegnung bei einer Hochzeit im Gebirg zwischen Claudio Monteverdi und einer Jug Band.«[8]

Wer ein bisschen Claudio Monteverdis Musik kennt und auch Ahnung von Jug Bands hat, muss sich fragen, welchen Medikamenten-Cocktail der notorische Pillenschlucker aus Montreal hier vor dem Sich-Ausdenken dieser schwurbeligen Passage geschluckt hatte. Welche Hochzeit? Welches Gebirg?

Deutlich euphorischer und wahrscheinlich durch die Beatles enorm erotisiert kommt Fast-Alles-Könner Leonard Bernstein daher, welcher sich 1966 vor Begeisterung angesichts der gerade erschienenen *Revolver*-Platte kaum halten

---

[8] Glenn Gould, Auf der Suche nach Petula Clark, in: Glenn Gould, Vom Konzertsaal zum Tonstudio, S.94

konnte und mal wieder – den Whisky in Reichweite – in besondere Hitze redete:

»Unsere Pop-Generation macht sich breit und greift nach dem Unerreichbaren, das ist eines der Dinge, die ich an ihr am meisten mag: Die durchdringende Zartheit dieser hohen, ungeschulten jungen Stimmen [spielt auf einem Tonbandgerät das hohe »uuh« aus She Loves You an]. Natürlich, während ich das ein Streben nach einem traumhaften Falsett bezeichne, nennen Sie es vielleicht nur den Zusammenbruch der Geschlechterschranken, dieses androgyne Phänomen der Popszene, welches Jungen mit langen Haaren und zerzausten Hemden hervorbringt.«[9]

Um dies musikalisch überqualifizierte Tris di Quatscha abzurunden, kann man auf Theo Adorno bauen, dem es nicht ums genaue Hinhören und Verstehen von Musik unterschiedlicher Genres ging, sondern vor allem ums Drechseln seiner unnachahmlichen und dem profanen Leser zutiefst unverständlichen Phrasen. So meint er 1965 in einem Interview zum Thema »Über die geschichtliche Angemessenheit des Bewusstseins« Folgendes zu unseren Lieblingen:

»Was gegen die Beatles zu sagen ist, ist gar nicht so sehr etwas Idiosynkratisches, sondern ganz einfach das, was diese Leute bieten, womit überhaupt die Kulturindustrie, die dirigistische Massenkultur uns überschwemmt, seiner eigenen objektiven Gestalt nach etwas Zurückgebliebenes.

---

[9]   TV-Dokumentation: Inside Pop: The Rock Revolution, ausgestrahlt am 25.April 1967

Man kann zeigen, dass die Ausdrucksmittel, die hier verwandt und konserviert werden, in Wirklichkeit allesamt nur heruntergekommene Ausdrucksmittel der Tradition sind, die den Umkreis des Festgelegten in gar keiner Weise überschreiten und die das an Ausdruck, was sie sich zutrauen und wovon die faszinierten Hörer behaupten, dass es das Fascinosum sei, objektiv eben durch die Abgebrauchtheit all dieser Elemente gar nicht mehr haben.«

Zum Trost für uns natürlich beschämte und vollends naive Beatles-Fans dies: Anstelle des Begriffes »Beatles« hätte Adorno ohne Probleme ebensogut »Jazz«, »Italienischer Cocktail-Schlager« oder das »Gejaul vom Nachbardackel« sagen können, ihm war das einerlei; sobald ihm etwas zu profan erschien, schlossen sich seine Lauscher. Nun denn: Er war ein Kind seiner Zeit, der musikalischen Molekularküche Anton von Weberns verfallen und dem intellektuellen Künstler-Hochmut der Nachkriegsära, ein Teil von jener Kraft, die das Gute will und das Dröge schafft.

VIER HERREN IN BUNTEN UNIFORMEN

1967 war der Sommer, in dem in ganz London alle Militär-Jacketts mit Schulterpailletten, alle Sitars und alle Cembalos ausverkauft waren. Der Grund lag auf der Hand: Alle wollten sein wie die Beatles. Für die letzten sechs Monate des Summer Of Love-Jahres unterwarf sich die Welt des Pops dem musikalischen und modischen Diktat von *Sgt. Pepper's Lonely Hearts Club Band*. Das Album wurde nicht allein wegen seiner Musik, sondern auch wegen seines aufwändigen, aufklappbaren Covers und der damit verknüpften Ikonografie von Beginn an als Meilenstein der Pop-Musik wahrgenommen.

Die auffälligsten musikalischen Neuerungen waren fließende Übergänge von einem zum anderen Lied, dazu eine musikalische Klammer durch die Reprise des Anfangs-Songs. Auch gaben die kurzen Pausen zwischen den Songs dem ganzen Album etwas Suiten-Haftes. Und zum ersten Mal tendierten die Beatles deutlich zu »montierten Song-formen«. Da waren zum einen komponierte Montagen wie die von *Lucy In The Sky With Diamonds*, bei der Strophe und Bridge musikalisch eine ganz andere Baustelle waren als der Refrain, weder taktartlich noch tonartlich aus dem selben Stoff. Zum anderen gab es eine echte Montage aus zwei Songs, der eine von John Lennon »I read the news today oh boy ...«, der andere von McCartney »Woke up, fell out of bed«, beide mit der legendären sich hochschreibenden

Orchesterüberleitung verbunden, die zusammen den Song *A Day In The Life* bildeten. Dazu kamen eine ganze Reihe von auffälligen Studio-Effekten: Große Hallräume, eingeblendeter Applaus, Tiergeräusche und natürlich der legendäre kollektive Lacher auf der Leer-Rille der LP.

Die musikalische Bandbreite von *Sgt. Pepper* ging noch über die bereits enorme stilistische Vielfalt von *Revolver* hinaus, da die Beatles neue Elemente aus der musikhistorischen und weltmusikalischen Vielfalt hinzu nahmen. Man konnte einen 1930er Jahre-Titel hören wie *When I'm Sixty-Four*, ein barockes Cembalo-Intro als Auftakt zu *Fixing A Hole*, man hörte nordindische Musik auf *Within You Without You* und die nostalgischen Kirmesorgel-Klänge von *Being For The Benefit Of Mr. Kite* – alles gleichzeitig zu machen, war plötzlich im Pop möglich. Ein Quantensprung, aber wohin? Der Kritiker Richard Goldstein – einer der wenigen Zeitgenossen, die 1967 das Album nicht wie einen heiligen Pop-Gral empfingen – schrieb in seiner musikalisch fundierten Analyse über *Sgt. Pepper*:

»›Sgt. Pepper‹ ist verzogen wie ein verwöhntes Kind. Die Besessenheit von »großer Produktion«, gepaart mit einer überraschenden Oberflächlichkeit beim Komponieren durchdringt das ganze Album. Es gibt nichts wirklich Schönes auf »Sgt. Pepper«. Nothing is real and there is nothing to get hung about. Zum ersten Mal liefern uns die Beatles ein ganzes Album mit Special Effects – verblüffend, aber nicht länger authentisch. Und zum ersten Mal haben wir

das Gefühl, die Beatles sind keine Entdecker mehr, sondern richten es sich gemütlich ein.«[10]

Das sind die zugegebenermaßen negativsten Aussagen in dieser sehr langen, sehr differenzierten und ausführlichen Kritik des Albums, die ein Lied, nämlich das epische *A Day In The Life* aus dieser Schusslinie heraus nimmt und als einen der wichtigsten Pop-Songs der Epoche exponiert.

Sieht man es positiv, war das Album mit dem faszinierenden Cover ein Trigger für alles Mögliche: Art Rock, Progressive Rock, Konzeptalben, alles was z.B. mir die erste Hälfte der 1970er Jahre musikalisch interessant machte. Sieht man es kritisch, waren die häufigsten musikalischen Verbrechen, die John, Paul, George und Ringo mit ihrem Werk in den folgenden Monaten und Jahren auslösten: amateurhafter Sitar-Gebrauch, unsensibles Hämmern auf barocken Cembalos, übermäßige Benutzung des Mellotrons, dem teuren und störanfälligen Instrument mit den leiernden Tonschleifen, unmotivierte Aus- und Einblendungen, nervige Stereo-Effekte, langsam oder rückwärts laufende Tonbänder, »psychedelische Texte«, in denen wahlweise die Wörter »love«, »rainbow« oder »turn you on« vorkamen, Geräusch- und Hall-Orgien sowie das Erstellen von Songs mit musikalisch unzusammenhängenden Teilen und Tempi.

Mit dem beruhigenden zeitlichen Abstand von über 50 Jahren lässt sich konstatieren, dass *Sgt. Pepper* zwar Epoche

---

[10]   Richard Goldstein, We Still Need the Beatles, but ..., in: Read The Beatles, Hrsg. June Skinner Sawyers, S.98 f.

machte, aber auch zeitbehaftet war. Alben wie *Rubber Soul,
Revolver,* das *Weiße Album* oder *Abbey Road* wirken heute
klanglich frischer. Damals im Sommer 1967 wurde das
Album mit der aufwändigen Covergestaltung jedoch als
allumwälzend aufgenommen.

WE'RE ONLY IN IT FOR THE MONEY

Hat John Lennon nun oder nicht? Und wie war das mit den anderen dreien? Haben die vielleicht davon gewusst oder gar selber? Es ist müßig darüber zu streiten, ob John Lennon nun in vollem Bewusstsein die Buchstaben L-S-D in seinem berühmten Song über Lucy am Himmel mit Diamanten untergebracht hat oder nicht. Naiv ist es in jedem Fall, gänzlich die Erklärung zu glauben, dass alles nur auf ein Bild zurückging, das Sohn Julian mit nach Hause brachte, es offensichtlich künstlerisch nicht überzeugte und er eine Erklärung nachliefern musste, die da lautete: *Lucy In The Sky With Diamonds!* Das ist knuffig und vielleicht auch wahr, wird aber immer noch in der Beatles-Literatur als ernst zu nehmendes Statement zum Thema »Beatles und Drogenkonsum« weitergereicht, ohne den besonderen Humor zu berücksichtigen, der jedem Liverpooler qua Geburtsort in die Wiege gelegt wird. Jahrzehnte danach ist alles verjährt und wir wissen so ziemlich alle durch zahlreiche weitere Quellen, was und wo und wieviel die einzelnen Beatles genommen haben. Bei Lennon war eine besondere Affinität zu LSD vorhanden, in einem späteren Interview gestand er, wohl an die 1000 Trips geschluckt zu haben. Lennon bezieht sich dabei auf die Zeit, in der Sgt. Pepper entstand: »*Ich bekam die Botschaft durch Acid, dass man sein Ich zerstören sollte und das tat ich [...] Ich las das dumme Buch von Leary und diese ganze Scheiße. Wir zogen ein Spiel durch, das alle durchzogen und ich zerstörte mich. [...] Ich zerstörte mein Ich, und ich glaubte, dass ich zu rein gar nichts fähig wäre, und ich ließ die Leute machen, was sie wollten [...] Und ich war rein gar nichts, ich war ein Stück Scheiße.«*[11] Diese vor Selbstmitleid triefende Aussage Lennons macht zumindest deutlich, was für einen bestimmenden Einfluss Drogen für sein Leben und seine Kreativität ab einem gewissen Zeitpunkt hatten. Aber Lennon formulierte es auch positiv: *»Wir dürfen übrigens nie vergessen, dem CIA und der Armee für LSD zu danken. Das vergessen die Leute. Alles ist das Gegenteil von dem, was es ist, nicht wahr? Sie brachten LSD heraus, um Menschen zu kontrollieren, und was sie taten, war, uns Freiheit zu geben.«*[12] Der Schluss dieses Zitats trifft eine der künstlerischen Intentionen von *Lucy In The Sky With Diamonds*: Es geht um ein Vehikel zur Befreiung von Zwängen oder Realitäten, die Lennon als bedrückend empfand. In den zart instrumentierten ¾-Strophen wird ein Alice-In-Wonderland-hafter Raum jenseits normaler Wahrnehmung geschildert – die Zeit läuft langsamer ab (»You answer quite slowly«), die Atmosphäre ist angefüllt mit Farben, Klängen und bizarren Phantasie-Figuren wie den »Schaukelpferdmenschen« oder den »Dienstmännern mit Spiegelkrawatten«.

---

[11]   Lennon Remembers. Hg.: Jan Wenner. New York 1972. Dtsch. Ausgabe: Lennon über Lennon. Abschied von den Beatles. Reinbek 1981, S. 77 f.

[12]   The Playboy Interviews with John Lennon und Yoko Ono. Hg.: G. Barry Golson. New York 1981, S.93

Im klanglich hart abgesetzten 4/4-Refrain, der lediglich den Titel des Songs dreimal wiederholt, geht es im Gegensatz zur Strophe euphorischer und schneller zu. Beide Teile jedoch, die besinnlich-verhallte Strophe und der knackige Refrain beschreiben subjektive Wahrnehmungszustände unter Drogenkonsum so plastisch, dass jeder andere Erklärungsversuch, »wovon dieser Song denn handele«, sich etwas albern ausnimmt.

Fast alle großen Singles der Jahre 1966/1967 stehen unter Drogenverdacht: *Good Vibrations* von den Beach Boys, *Waterloo Sunset* von den Kinks, *Whiter Shade Of Pale* von Procol Harum, *Itchicoo Park* von den Small Faces oder *On A Carousel* von den Hollies – doch *Lucy In The Sky* ist für mich der Prototyp eines psychedelischen, von Drogenkonsum inspirierten Pop-Songs, besonders wenn man das offene Bekenntnis von George Harrison liest: *»Unsere und auch meine Kreativität sind von Drogen beeinflusst worden. Man konnte sich mit Marihuana besser auf die Musik konzentrieren.«*[13] Oder noch pragmatischer Ringo Starr: *»Wir haben schnell gemerkt, dass wir unter Drogeneinfluss völlig beschissen spielten. Daraufhin haben wir unsere Drogenerfahrung erst ohne Musik gemacht und sie nachträglich in die Musik eingebracht.«*[14]

Diese Art der künstlerischen Inspiration war dem

---

[13]   The Making of Sgt. Pepper. Fernsehfilm BBC 1994

[14]   Ebd.

Kettenraucher und exzessiven Kaffee-Trinker Frank Zappa zeit seines Lebens ein Gräuel. Als Parodie auf die von ihm verabscheute Hippie-Kultur und direkte Reaktion auf *Lucy In The Sky* schrieb er den Song *Absolutely Free*. Schon die auffällig ähnliche Musik, der ¾-Takt und die Instrumentierung mit Cembalo waren absichtsvoll auf die Beatles gemünzt, Textpassagen wie »Diamonds on velvets on goldens on vixen, on comet and cupid, on donner and blitzen« Veralberung der damals aktuellen Hippie-, Flower Power- und Peace & Love-Bewegung. Zum großen satirischen Schlag allerdings holte er mit der Covergestaltung des Albums *We're Only In It For The Money* aus, auf dem sich *Absolutely Free* findet.

Zappa stellte das Beatles-Cover minutiös nach – mit entscheidenden Änderungen: Wo die Beatles blauen Himmel hatten, setzte er ein Donnerwetter hin, statt in farbenfrohen Zirkusuniformen traten er und seine Musiker in Frauenkleidern auf, statt einer indischen Gottheit grüßten zwei Barbie-Puppen, statt der Einladung in ein Vaudeville wo *Sgt. Pepper's* fröhliche Blaskapelle der ganzen Welt aufspielte, stand lediglich das Bekenntnis von sieben miesepetrig drein schauenden Musikern: »Wir machen's nur des Geldes wegen.«

	Cover von Sgt. Pepper	Cover von We're Only In It For The Money
Vorder-grund dahinter davor links rechts weiter rechts	Namensschriftzug aus Blumen eine Reihe Hanfpflanzen Puppe (indische Gottheit) Buddhafigur Gipsbüste Fernseher	Schriftzug aus Melonen und Möhren Gemüse Zwei Plastikpuppen (Barbie & Ken) Spielzeugroboter Beethoven-Büste (mit Balken) Radio und Bier-packungen
Bildmitte links rechts weiter rechts darüber	Beatles in Zirkusuniformen Bassdrum »Sgt. Pepper`s Lonely Hearts Club Band« Beatles als Wachsfiguren Marylin Monroe-Puppe Puppe mit Shirt »Welcome the Rolling Stones«, Palme	Mothers Of Invention in Frauenkleidern, Bassdrum »We're Only In It For The Money« Mothers als bizarre Kunstobjekte, Gail Zappa (Frau von Frank Zappa), Jimi Hendrix und »Sue Allen«, (Kinder-darstellerin aus »Die Waltons«), Weihnachtsbaum
Hintergrund	Fotos auf Pappe – bunte Mischung prominenter Persönlichkeiten und privater Freunde: Stuart Sutcliffe, Mae West, Marlon Brando, Karl-heinz Stockhausen, Marylin Monroe, Maurice Chevalier, Edgar Allen Poe, Stan Laurel, Johnny Weis-müller (Tarzan), Marlene Dietrich, Bob Dylan u.v.a.	Fotos auf Pappe – zum größtem Teil mit Balken unkenntlich gemachte Portraits erkennbar: Von Dürer gemalte Dame (auf altem deutschen Geld-schein!), der Tod, Frei-heitsstatue, Nosferatu

Das Ende der Geschichte war dann weniger humorvoll als die frechen musikalischen und visuellen Parodien: Frank Zappa wollte persönlich von Paul McCartney eine Erlaubnis des satirischen Plattencovers erwirken, doch dieser verwies ihn an die Plattenfirma EMI, worauf sich das Erscheinen von *We're Only In It For The Money* um fünf Monate verzögerte. Schließlich erschien Zappas Anti-Hippie-LP mit den Innencover-Portraits außen und dem Außencover innen, die satirische Absicht war erfolgreich zunichte gemacht worden.

ZWEI SARGDECKEL FÜR TARA BROWNE UND BRIAN EPSTEIN

Wommm! Im Forte Fortissimo erklingt der von acht Händen gespielte E-Dur-Schlußakkord auf der LP *Sgt. Pepper* – John, Paul, Ringo und Road-Manager Mal Evans schaffen es, an drei Klavieren sitzend, erst im achten Take, den Akkord simultan auf Band zu bringen. Wen während des einminütigen Nachhalls des Akkords der Gedanke an einen zufallenden Sargdeckel beschleicht, liegt wahrscheinlich nicht ganz falsch: Inspiriert wurde der Song *A Day In The Life* durch den tödlichen Autounfall von Tara Browne, einem bei seinem Tod erst 21jährigen Bohemien und Bekannten der Beatles, der ein exemplarischer Vertreter des »Swinging London« von 1966 war.

Als Sohn des Vierten Baron Oranmore und Browne (Mitglied des House of Lords) und der Brauerei-Erbin Oonagh Guinness war Tara Browne mit goldenen Löffeln im Mund zur Welt gekommen. Doch anstatt würdevoll das Familienerbe weiter zu mehren, schmiss der verwöhnte und frühreife Zögling bereits mit elf Jahren die Schule, vor die er sowieso nur mit einem Rolls-Royce chauffiert wurde. Danach machte der Jung-Millionär mit einem Gefolge gleichgesinnter und ebenso wohlhabender Kids Paris unsicher, um als gereifter Teenager nach London zurückzukehren und die Epoche der »Swinging Sixties« einzuläuten. Mit seinem Geld versuchte sich Browne zwar als Geschäftsmann im Bereich Mode,

Diskotheken und Autorennsport, aber in Wirklichkeit war sein kurzes Leben eine einzige Party, in dem er die Nähe von Reichen, Schönen, Künstlern und Musikern suchte. So ließ er zu seinem 21. Geburtstag 200 Gäste einfliegen, darunter John Paul Getty Junior, die Rolling Stones und Paul McCartney, dem er angeblich auf dieser Party seinen ersten LSD-Trip verschaffte.

Was die Beatles nicht ahnen konnten war, wie prophetisch dieser Sargdeckel sich für jemand anderen in ihrer unmittelbaren Nähe bald schließen würde. Zwar existieren die berühmten Fotos, die einen gut aufgelegten Brian Epstein noch während der Studio-Sessions zu *Sgt. Pepper* zeigen. Doch hinter der bis zuletzt funktionierenden Fassade war Brian zu diesem Zeitpunkt bereits eine gebrochene Persönlichkeit. Schon seit Beginn seiner Manager-Tätigkeit hatte sich Epstein auf langen Konzert-Tourneen mit dem Aufputscher Preludin wach gehalten, später kamen große Mengen sedativer Medikamente und Cannabis hinzu. Des Weiteren war Epstein ein notorischer Spieler und dezimierte einen nicht unerheblichen Teil seiner erheblichen Einkünfte in Casinos oder privaten Hinterzimmer-Runden. Zwei entscheidende Gründe, die Epsteins Situation jedoch kulminieren ließen, waren das konstante Verbergen seiner Homosexualität in einem kulturell noch vom 19. Jahrhundert geprägten England und sein schwindender Einfluss auf die Beatles.

Nach dem letzten Live-Konzert im Candlestick Park

von San Francisco am 29. August 1966 versuchte Epstein die Beatles noch zu weiteren Konzerten zu bewegen, vergeblich. Der depressive Manager zog sich langsam aus allem zurück, sowohl aus seiner Firma NEMS Enterprises als auch dem persönlichen Kontakt zu den Beatles. Die viermonatige Studiozeit für *Sgt. Pepper* nutzte er, um sich in eine Entziehungsklinik einweisen zu lassen, auch dies vergeblich. Fast genau ein Jahr nach dem Ende der Beatles-Live-Ära starb Brian Epstein in seinem Haus im schicken Londoner Stadtteil Belgravia. Der Tod Epsteins wurde von den Behörden als »Unfall« eingestuft: Ein Mix aus einer zu hohen Dosis an Schlaftabletten mit Alkohol beendete sein Leben.

Die Zeit nach seinem Tod war gekennzeichnet durch Paul McCartneys Bemühungen, die Beatles als Gruppe zusammenzuhalten. Doch damit stellte er das ursprüngliche Gleichgewicht innerhalb der Band in Frage. Und alle Projekte McCartneys entwickelten sich nicht so positiv, wie es die erfolgsverwöhnten Beatles gewohnt waren: Der in Eigenregie gedrehte und Weihnachten 1967 ausgestrahlte Film *Magical Mystery Tour* wirkte wie ein wenig durchdachtes Amateur-Projekt und fiel beim BBC-Publikum durch. Die Gründung der Beatles-Firma Apple mit fünf verschiedenen Abteilungen erwies sich nach einigen Monaten der Euphorie als operative und psychische Belastung, die Unternehmung schrieb bereits kurz nach der Gründung rote Zahlen. Nachdem die Beatles mit dem *Weißen Album* (1968) noch ein Großwerk hinlegen konnten, schien das kreative Pulver verschossen. Das *Get Back*-Projekt, mit dem Paul McCartney die Beatles wieder zu einer Live-Band zusammen schmieden wollte, geriet in den Filmstudios Twickenham zum Desaster, erst das spontane Konzert über den Dächern von London rettete die Aktion auf den letzten Metern.

FUN OR FACT? MAGIC ALEX, DER HOFNARR

Nun war es aber an der Zeit, dass sich König John einen Hofnarren wünschte. Seine drei royalen Kumpels, Marschall Paul, Kastellan George und Mundschenk Ringo hatten ihm schon alle Witze erzählt, die sie kannten, und außerdem kamen sie ja alle aus dem gleichen Dorf wie er. Je nun, es war schon ein Kreuz, wenn man plötzlich weltberühmt und von hohem Stande war. Keiner benahm sich mehr normal um einen herum und mit dem farbigen Rolls Royce durch Londonium zu düsen wurde auch irgendwann langweilig. Was sollte man mit einem endlos langen Tag machen, wenn man seinen nächsten Welthit schon nach dem Frühstück auf eine Serviette geschmiert und flink den Hofmusikus Martinus Georgius mit der Einrichtung des Werkes für Tromben, Schlagwerk und Clavichord beauftragt hatte?

Nun denn, seine Majestät John warf sich eine bunte Tablette ein und ging shoppen, was er immer tat, wenn ihm fade war. Das entlastete ihn zum einen von seinem Reichtum und kurbelte zum anderen die Wirtschaft seines eher mäßig florierenden Heimatlandes an. Oh, rief König John an diesem sonnigen Vormittag, die Indica Galerie hat wieder neue Ware? Aha, schön schön. Schmuck schmuck. Und was ist das da? Dies Schächtelchen hier blinket ja ganz allerliebst in vielen bewusstseinserweiternden Farben. Ist das Kunst oder kann das weg? Ach, keine Kunst und bleibt trotzdem dorten, bis es ausgeblinket hat? Ich lach mich krank, bringet mir den Schelm, der sich dieses ausgedacht!

Und so wurde drei Tage später der TV-Reparateur Alexis Mardas aus dem fernen Hellas zu seiner Majestät John vorgelassen und durfte vortragen, was er neben der blinkenden Box bereits alles erfunden hatte: ein Telefon, das automatisch wisse, wer gerade stören wolle; eine Röntgenkamera, mit der man durch Wände hinüber zur hübschen Nachbarin schauen könne; einen Vorhang aus Ultraschall, der den musizierenden Hofstaat vor dem Geschrei seiner Fans abschirmen könne; eine Tapete, die auf Knopfdruck ihre Farben wechseln könne und so weiter und so fort. Die oder der geneigte Lesende, welcher auch mit dem Märchen vom Kaiser und seinen neuen Kleidern vertraut ist, ahnt es bereits: Der mitnichten magische Alexis Mardas war vor allem darauf aus, König John zu beeindrucken, was ihm auch im Handumdrehen gelang. Fortan war der Hofnarr unverzichtbarer Teil des königlichen Trosses, durfte sogar mit auf den Betriebsausflug nach Indien und riss zum Missfallen der anderen Johns Aufmerksamkeit und herumliegendes Geld an sich, mit dem er angeblich bahnbrechende Erfindungen auf den Weg brachte, in Wirklichkeit jedoch in seiner elektronischen Bastelstube vor allem Ouzo trank und es sich gut gehen ließ.

Um den Hofstaat weiter unter seinen Einfluß zu bringen und auch den Ouzo-Fluss nicht versiegen zu lassen, schlug er sogar eine Umsiedelung des royalen Hippie-Trosses

auf eine angeblich liebliche und garantiert bewusstseinserweiternde hellenische Insel vor den Küsten Athenas
vor – ein weiterer geschickter Schachzug des Hofnarrs,
bei dem er alle Strippen in der königlichen Entourage
ziehen wollte. Doch nach einem anstrengenden und für
alle enttäuschenden Besuch besagter Insel schien sich das
Glück des Hofnarrs zu wenden. Während Marschall Paul
im Nebenzimmer an lieblichen Melodeien zimmerte, die
auch weiterhin die Burg mit Gold und Tantiemen versorgen
sollten, entwarf nämlich der immer noch entzückte König
John ein handgezeichnetes Werbeblatt für all die nutzlosen
neuen Dinge, die Hofnarr Alexis im Zwei-Stundentakt im
Vorraum von König Johns Gemächern abstellte. Selbst der
sonst sehr tolerante Mundschenk Ringo wunderte sich über
die Menge an nutzlosem Gerümpel, über die er beinahe
gestolpert wäre. Auf den Krempel angesprochen präsentierte König John seinen entgeisterten Kumpels sein mittlerweile fertig gezeichnetes Werbeblatt mit dem schönen,
wenn auch seltsamen Titel »Perfekte Geschenke für das
Haus, die Hostess und den Geschäftsmann, alles zum
halben Preis«. Darunter hatte König John mit seinem un-
verwechselbaren Zeichenstrich vier Artikel seines Hofnarrs
skizziert und katalogisiert: den Magic Alex Stereo Toaster (Bestell-Nr. A271), das Magic Alex Maharishi Beard
Dress (Bestell-Nr. A201), die Magic Alex Apple Shoes
(Bestell Nr. A239) und – hier wurden seine ansonsten
eher abgebrühten Freunde doch ein bisschen rot an den

Ohren – den Magic Alex Electronic Penis Enlarger (Bestell-Nr. A112).

Dass just in diesem Moment die Entfremdung König Johns
vom Reste seines Hofstaats einsetzte, wird von vielen Ken-
nern der Historie König Johns vermutet. Gesichert ist in jedem
Fall, dass nach Druck und Auslegen des Werbeblattes für
die »Erfindungen des magischen Alex« rund um König Johns
Schloss nur zwei Bestellungen das königliche Büro mit dem
Apfel im Wappen erreichten. Diese von Mundschenk Ringos
Mama und ihrer engsten Freundin aufgegebenen Order
betrafen indes nur die unverfänglichen Damenschuhe, auf
denen Hofnarr Alexis Plastikäpfel aus dem Dekorations-
Shop nebenan appliziert hatte.

König John machte das, was er immer machte, wenn er
Scheiß gebaut hatte oder im Unrecht war: Er saß die Sache
aus, erwähnte sie mit keinem Wort und überließ anderen
das Aufräumen. In diesem Fall war es das vornehme fern-
östliche Fräulein, welches erst seit kürzerem als König Johns
Mätresse auf der Burg residierte. Sie machte – als sie sich
sowieso um die Entsorgung der bereits angestaubten bunten Militär-Kostüme kümmern musste – weitere elf große
Müllsäcke auf und ließ darin Toaster, Kleider aus Bart,
Apfel-Schuhe und vor allem die oberpeinlichen Penis-Ver-
größerungs-Applikationen verschwinden. Hofnarr Alexis
blieb noch eine Zeitlang auf der Lohnliste König Johns,
wurde aber nie mehr wieder in den inneren königlichen
Zirkel vorgelassen.

YELLOW SUBMARINE ODER DAS GEHEIME LEBEN VON SIR GEORGE MARTIN ALS FILMKOMPONIST

Warum wurde aus George Martin trotz bester Anlage und brennendem Verlangen kein hauptberuflicher Filmkomponist?[15] Es scheint offensichtlich: Egal, was ihn als Künstler und Mensch persönlich charakterisierte, immer stand es im Schatten des kulturellen Monsters, das er selbst mit erschaffen hatte: die Beatles. Nach eingehender Beschäftigung mit dem prallen, rund 50 Jahre andauernden Arbeitsleben von Martin verdichtete sich bei mir die Ahnung, dass gerade die Vielzahl seiner Unternehmungen und ungeheure Zahl seiner heterogenen Produktionen den Forschenden nahezu ratlos zurücklässt.

Die innovative Phase der Beatles von 1965–68 wurde entscheidend von George Martin mit befeuert, indem er ihnen mit Arrangements und Studiotricks zur Seite stand, die unsere heutige akustische Vorstellung von den Beatles nachhaltig prägen. Martin hatte eine dreifache Funktion bei den Beatles: Zum ersten die des Produzenten, zum zweiten die des musikalisch erfahrenen Ratgebers und Arrangeurs. Die dritte Funktion, nämlich die des Mitmusikers ist vielen nicht so

---

[15] Dieser Aufsatz ist eine gekürzte Version des gleichnamigen Beitrags in der Festschrift für Georg Maas: Claudia Hartling, Susanne Vollberg (Hg.) Leidenschaft Filmmusik. 2024. Schüren Verlag. Marburg.

bekannt. Doch es ist erstaunlich: Auf sage und schreibe 32 Aufnahmen der Beatles spielt George Martin mit: Entweder als Pianist oder als Keyboarder auf Hammond-Orgel, Cembalo, Celesta, Harmonium oder Hohner E-Piano.

Alle Instrumente oder musikalischen Parts, die ich in der folgenden Tabelle den jeweiligen Beatles-Titeln zugeordnet habe, wurden von George Martin eingerichtet. Interessant ist, dass er je nach Song und dazugehörigem Genre immer ganz individuelle Besetzungslösungen wählte. Überraschend war für mich z. B. die originelle siebenköpfige Bläserbesetzung auf *Honey Pie*: fünf Saxophone, zwei Klarinetten, kein Blech. Ebenfalls interessant, dass er hier bei größeren Orchester-Besetzungen ganz auf Oboen oder Englisch Hörner verzichtete, was umso erstaunlicher ist, als er selbst die Oboe als Zweitinstrument spielte.

Beatles-Song	Veröffentlichung	Besetzung von George Martins Arrangement
Yesterday	1965	Streichquartett
Eleanor Rigby	1966	Gedoppeltes Streichquartett
Here, There And Everywhere	1966	Gesangssatz
Strawberry Fields Forever	1967	Vier Trompeten, drei Celli
Penny Lane	1967	Zwei Trompeten, Flügelhorn, vier Flöten, zwei Piccolos
When I'm Sixty-Four	1967	Zwei Klarinetten, eine Bassklarinette
I Am The Walrus	1967	Acht Violinen, vier Celli, Klarinette, drei Hörner,gemischter Chor

All You Need Is Love	1967	Vier Violinen, zwei Celli, Akkordeon, zwei Tenorsaxophone, Piccolo-Trompete, zwei Trompeten, zwei Posaunen
Hey Jude	1968	Zehn Violinen, drei Violas, drei Celli, Kontrabass, zwei Flöten, drei Klarinetten, zwei Fagotte, Kontrabass, vier Trompeten, vier Posaunen, zwei Hörner, Pauke
Honey Pie	1968	Fünf Saxophone, zwei Klarinetten
Martha My Dear	1968	Vier Violinen, zwei Violas, zwei Celli, drei Trompeten, Horn, Posaune, Tuba
Good Night	1968	Zwölf Violinen, drei Violas, drei Celli, Harfe, Celesta, Piano, drei Flöten, Klarinette, Horn, Vibraphon, Kontrabass, gemischter Chor
Because	1969	Gesangssatz

Schauen wir uns kurz George Martins frühe Vita an, um eine Basis zum Verständnis seiner künstlerischen Persönlichkeit zu bekommen. Wir gehen zurück ins Kriegsjahr 1941. Oder vielleicht noch früher zurück, denn bereits im frühreifen Alter von acht verfertigte der autodidaktisch lernende und mit absolutem Gehör gesegnete Knirps Klavierstücke – einen kleinen Ragtime namens *Spider's Dance*, dazu zwei weitere Stücke, die er seinen Eltern pompös als *Opus 1* und *Opus 2* präsentierte. Aber erst ein Konzert von 1941 mit dem BBC Symphony Orchestra unter Sir Adrian Boult öffnete ihm die Sinne – auf dem Programm stand unter anderem das *Prélude à l'après-midi d'un faune*, die Orchestermusik Debussys wurde schlagartig sein Nonplusultra.

Seine schnelle Auffassungsgabe ermöglichte es ihm, in

Tanzbands Geld zu verdienen, das er wiederum für Musikstunden ausgab; er lernte Noten lesen und verbesserte sein Klavierspiel. Dass George Martins Familie sehr arm war – strictly working class – und dass gerade Bomben auf London fielen, verzögerte jedoch seine jugendlichen Träume von einer Karriere als wahlweise »großer Komponist« oder »der nächste Rachmaninoff«. In der britischen Militärverwaltung übernahm er einen Verwaltungsjob, der hauptsächlich aus dem Ausfüllen von Formularen und der Zubereitung von Tee bestand. Aber bald schon meldete sich der von Flugzeugen und ihrer Technik Begeisterte freiwillig zur fliegenden Abteilung der Royal Navy und verließ Anfang 1947 die Armee.

Von enormer Wichtigkeit für die weitere Karriere war, dass George Martin die Spuren seiner »working class«-Herkunft verschleierte: Er trainierte sich während des Militärdienstes diszipliniert einen Oberschichtakzent und die Diktion der Nachrichtensprecher der BBC an. An der Guildhall School für Musik und Schauspiel studierte er drei Jahre lang Piano, Oboe, Komposition und Orchestrierung. Seinen ersten richtigen Musikjob ergatterte er 1950 in der Klassikabteilung der BBC und verdiente daneben als Oboespieler etwas Geld.

Als bei der großen Plattenfirma EMI eine Assistentenstelle beim Parlophone-Label frei wurde, übernahm Martin zunächst den Job des Aufnahmeleiters; als Chef des Labels war er ab 1955 Produzent, musikalischer Leiter und Arrangeur in Personalunion. Diese Arbeit machte Martin vor allem Spaß, weil er sich nun als Herrscher über eine große akustische Spielwiese austoben konnte und ihm weitere Dinge ermöglichte: zum einen mit großartigen Musikern und Arrangeuren zusammenzuarbeiten wie dem »Miss Marple«-Komponisten Ron Goodwin, zum anderen filmmusikhafte Zwischenspiele oder Überleitungen zu schreiben und die Technik des Tonstudios sukzessive auszuloten. Nach Erfindung des Tonbandes ergaben sich nämlich die bislang unerhörten Möglichkeiten, Bänder zu schneiden, die Geschwindigkeit von Bändern zu verändern oder sie gar rückwärts abzuspielen, Bandschleifen für Wiederholungen zu erstellen, und ab Mitte der 1950er-Jahre auf vier unterschiedlichen Spuren aufzunehmen.

Hört man sich einen Querschnitt von George Martins Prä-Beatles-Produktionen an, fällt zunächst auf, wie oft und gerne Martin illustrierende und komische Geräusche in die Musik integrierte; darüber hinaus wie sklavisch genau er das jeweilige Genre bediente – Martin legte offensichtlich besonderen Wert auf die Stilsicherheit der jeweiligen Produktion. Mit dieser speziellen Fähigkeit zum Kopieren von bestehenden Stilen und Produktionen erntete er 1960 das Missfallen der Musikbranche, als er den US-Hit *Itsy Bitsy Teenie Weenie Yellow Polka Dot Bikini* so schnell und so genau mit einem britischen Sänger kopierte, dass seine Single eher auf dem britischen Plattenmarkt war als die originale US-Version, in Mexiko sogar die Nr.1 der Pop-Charts wurde.

Obwohl sich George Martin zu diesem Zeitpunkt bereits als multistilistischer Produzent, Hitmaker und Arrangeur u.a. für Stars wie Sophia Loren oder Peter Ustinov bewährt hatte, kam niemand aus der britischen Kinobranche auf die Idee, ihm eine Filmmusik zu spendieren. Und als es dann 1962 doch passierte – nämlich mit einem kleinen Score zur Kömodie *Crooks Anonymous*, da stand sich Martin selbst im Weg mit seinem unstillbaren Ehrgeiz.

Seine beachtlichen Charts-Erfolge, die er zudem mit Comedians wie Peter Sellers oder Sängern wie Matt Monroe erreicht hatte, waren ihm nicht genug. Er schielte die ganze Zeit hinüber zu seinem EMI-Kollegen Norrie Paramor, der schon mehrere Jahre noch größere Erfolge mit seinem Schützling Cliff Richard einfuhr. Das Schlimmste: Norrie Paramor fuhr einen Jaguar, was sich George Martin noch nicht leisten konnte. Und so mussten ihm John, Paul, George und Ringo helfen, auch einen Jaguar kaufen zu können. Seine Filmmusik-Karriere verlief also bis 1968 aus Zeitmangel sporadisch bis belanglos. Hier die Zusammenfassung:

Für *A Hard Days' Night* (1964), das erfolgreiche Film-Debut der Beatles, arrangierte Martin lediglich vier Beatles-Songs, stilistisch irgendwo zwischen Mantovani und Bert Kaempfert. In die gleiche Schublade gehörte seine Musik zu *Ferry Cross The Mersey* (1964) einem Film, der versuchte, den Kassenerfolg von *A Hard Days' Night* zu kopieren, allerdings mit der weniger potenten Liverpooler Popgruppe Gerry & The Pacemakers; ein Flop, nicht nur musikalisch. Die Dinge hätten bei *Help* (1965), dem zweiten Kinofilm seiner Schützlinge mit Locations in Österreich und der Karibik besser laufen können, aber George Martin verkrachte sich mit Filmregisseur Richard Lester und musste zusehen, wie der Film eine andere, ingesamt belanglose Musik verpasst bekam.

1966 erhielt nun Paul McCartney den Auftrag für die Musik zu einem Film namens *The Family Way*. Aber ohne John Lennon, ohne Notenkenntnisse und ohne jegliche Filmmusikerfahrung bekam McCartney bei diesem Projekt kalte Füße. Er wandte sich an Martin, konnte ihm jedoch nicht mehr als ein kleines Piano-Motiv anbieten. Pflichtbewusst variierte und orchestrierte George Martin mit Pauls Miniatur-Idee die für den Film nötigen Zwischenmusiken. Ein zweites Thema, das »Liebesthema« musste er förmlich aus Paul McCartney herausquetschen, der – ironischerweise – für diese unter Martins Schraubzwinge entstandene Idee den »Ivor Novello Award« für das beste Filmmusik-Thema erhielt. 25 Minuten Filmmusik entstanden mit McCartney als Komponist auf dem Filmplakat und George Martin als Ghostwriter, der sich auf die Zunge biss.

Als die Beatles dem dritten anberaumten Film-Projekt *A Talent For Loving* 1966 den Stinkefinger zeigten, gab es die Notlösung mit dem gelben U-Boot. Hier, im mangelnden Interesse der Beatles am Kinoprojekt *Yellow Submarine* (1968), sah George Martin eine Lücke, seine Lücke, in die er hineingrätschen konnte. Seine Filmmusik wird das musikalische Highlight der Beatles-LP *Yellow Submarine* (1969), die nur vier neue und meist magere Beatles-Songs enthielt. Der Score zu *Yellow Submarine* zeigt, wie Martin weniger mit dem Filmbild, als mit konkreten kompositorischen Vorbildern operierte; als Folge haben die einzelnen Stücke eine hohe formale und musikalische Eigenständigkeit.

Die *Pepperland Ouverture* ist rondoartig mit zwei B-Teilen, in denen Instrumente solistisch hervortreten, ein Streichquartett, ein Piano, eine Oboe usw. Dieser Perspektivwechsel zwischen akustischer Groß- und akustischer Nahaufnahme ist wiederum sehr filmisch gedacht. Bei der Ouvertüre ist er nicht bei Debussy, sondern eher in der britischen Debussy-Nachfolge, bei Komponisten wie Frederick Delius, die den manchmal schwülen Debussy der 1890er-Jahre vom Ausdruck her etwas herunterkühlen. Die Ouvertüre kann man im Prinzip wie einen morgendlichen Spaziergang durch einen englischen Garten hören.

An die Ouvertüre schließt sich der *March Of The Meanies* an, der Marsch der Blaumiesen, der Bösewichte in *Yellow Submarine*. Auch hier hängt sich Martin ganz pragmatisch an einen anderen Komponisten ran: Der Marsch wird in bester Bernard-Herrmann-Manier verfasst. Dass die Blaumiesen nicht wirklich sadistische oder heimtückische Mörder in einem Hitchcock-Film sind, war George Martin hier relativ egal, böse ist böse. Man spürt in der Faktur dieser Musik richtig den Spaß, den er in den Schuhen seines Filmmusik-Kollegen hatte.

Stilistisch eigenständiger klingt für mich der Abschnitt zum »Meer der Löcher«, der *Sea Of Holes*. Hier breitete Martin Variationen über drei große Septimen aus, die eine Quarte bzw. einen Tritonus voneinander entfernt sind. Doch auch hier könnte sich Martin durchaus die musikalische Idee von Herrmanns Duschszenen-Musik zu *Psycho* (USA 1960) ausgeliehen haben, die ja auch aus einer Große-Septimen-Schichtung besteht.

Die *Sea Of Monsters* besitzt drei stilistisch gänzlich unterschiedliche Teile: Das Ganze beginnt mit einem leicht morbiden Walzer in Manier von Gustav Mahler, gefolgt von ein bisschen Satiescher *Gymnopédie*. Wenn das Solo-Klavier wieder mit dem B-Teil der Ouvertüre einsetzt, mutiert der Dreiviertel- zum Fünfviertel-Takt, das Ganze wird lieblicher und mutet fast ein bisschen wie die Musik zur späteren Adels-Serie *Downton Abbey* an, quite british. Mit dem letzten Taktwechsel zu Zweiviertel sind wir dann wieder beim A-Teil, beim *Main Theme* von Pepperland, die suitenartige Form schließt sich.

Fünf Jahre nach *Yellow Submarine* folgte Martins zweiter Filmmusik-Erfolg mit *Live And Let Die*, dem James Bond von 1973. Hier kann er ein paar exotische »Voodoo-Akzente« setzen und sich wie in *Yellow Submarine* stilistisch auffächern. Der Rest von Martins Filmmusikkarriere ist relativ schnell zusammengefasst: Er schrieb bis 1981 noch drei weitere Filmmusiken, die äußerst zweckdienlich waren, sich musikalisch aber niemals auf neues Terrain wagten. Es schien – und das gilt auch für seine Arbeit mit anderen Künstlern – als wollte Martin hinter seinem Handwerk und seinem Tonsatz als Künstler oder gar als Mensch verschwinden. Und es stellt sich bei solch einer teamtauglichen Haltung und dem damit verbundenen »understatement« die Frage, ob George Martin überhaupt so etwas wie einen eigenen musikalischen Stil entwickeln konnte. Dazu sagt der größte Kenner von George Martins Musik, der amerikanische Dirigent Craig Leon:

»Er hat auf jeden Fall einen besonderen Stil, und der ist sehr korrekt, ich sage dazu gern elegant, handwerklich sehr gut und absolut britisch. Aber vor allem ist er der Meister der populären Melodie. Ich war sprachlos angesichts der Eleganz und Stilsicherheit in allen Werken George Martins, ob bei Pop- oder Jazzarrangements, Filmscores oder einer Konzertkomposition.« [16]

---

[16] zitiert nach: Jenni Zylka, Meister des gefälligen Sounds, Beitrag im Deutschlandfunk, 1.12.2017

WIE INDISCH WAR GEORGE HARRISON WIRKLICH?

So wenig wie das, was wir beim netten Inder um die Ecke auf den Teller bekommen, wirklich authentisches Essen aus irgendeiner Region des indischen Subkontinents ist, so wenig hatte der von George Harrison initiierte »Raga Rock« der psychedelischen Pop-Jahre besonders viel mit nordindischer Kunstmusik, karnatischer Musik aus Südindien oder Songs und Sounds aus Bollywood zu tun. Doch wie sah das bei George Harrison selbst aus, der sich seit 1965 zunehmend ernsthafter mit der Kultur und der Philosophie Indiens beschäftigte, sogar Sitar-Stunden bei Ravi Shankar, einem der führenden Virtuosen hindustanischer Musik nahm, und mit letzterem durch eine lebenslange Freundschaft verbunden war?

Bevor wir Harrisons »indische Phase« bei den Beatles genauer anschauen, zunächst dies: Was wir Westler mangels tiefer gehender Kenntnis der Materie mit »indisch« meinen, sind drei offensichtliche Dinge – erstens den »Drone« aus liegenbleibendem Basston und dazugehöriger Quinte, zweitens den spezifischen Klang der traditionellen indischen Instrumente wie Sitar, Tanpura und Tablas, drittens aus unserer Sicht besonders »tief gehende« Texte philosophisch-mystischen Inhalts auf Grundlage hinduistischer oder buddhistischer Lehren.

Der Drone – kein exklusives Phänomen indischer Musik,

sondern in der ganzen Weltmusik verbreitet – wurde bereits 1964 vom Minimal Music-Komponisten und Viola-Spieler John Cale mit den verstärkten Gitarren-Sounds des Pop kombiniert. Das im Alleingang aufgenommene Stück *Loop* wurde allerdings erst 1966 als Aufnahme von John Cales und Lou Reeds Gruppe Velvet Underground veröffentlicht, da war der Drone-Trend in Großbritannien schon längst Mode. Denn bereits im Januar 1965 hatten die Kinks auf einer Australien-Tournee kurzen Halt in Bombay gemacht und wenige Monate später *See My Friends* veröffentlicht, in dessen Strophe Ray Davies, Songschreiber und Sänger der Gruppe, auf der Basis einer tiefergelegten E-Saite den Songtext pseudo-indisch näselte. Und noch bevor die Beatles bei den Dreharbeiten zu *Help* (1965) mit indischer Musik konfrontiert wurden, nahmen sie am 15. Februar 1965 ihre bahnbrechende Single *Ticket To Ride* auf, dessen langes und charakteristisches Ostinato auf A auch schon die kommenden Lennon/McCartney-Drones von *Paperback Writer*, *Rain* und *Tomorrow Never Knows* (alle 1966) ankündigte.

Der erstmalige Einsatz der indischen Sitar in der Pop-Musik ist jedoch George Harrison zu verdanken: Vom Klang des Instruments auf *Norwegian Wood* (1965) fasziniert, folgten bald die meisten modebewußten Pop-Bands mit weiteren Sitar-Einsätzen, am erfolgreichsten die Rolling Stones auf *Paint It Black* (1966). Doch was bei den Nachahmern eben nur modisch-musikalisches Accessoire blieb, wurde von George Harrison in seinen drei »indischen« Beatles-Titeln ernsthafter verfolgt.

Einen relativ authentischen Stil servierte er direkt mit seinem ersten Versuch: *Love You To* (1966, Revolver) nahm Harrison nicht nur mit Paul am Bass und Ringo am Tambourin, sondern auch mit dem Tabla-Spieler Anil Bhagwat und anderen indischen Musikern aus London auf. Der Titel orientiert sich eng an klassischer hindustanischer Musik: Es gibt (im Modus Kafi Thaat auf C, der dem europäischen Dorisch entspricht) eine langsame Einleitung (alap) in der das Tonmaterial vorgestellt wird, einen rhythmisch gleichmäßigen Hauptteil mit dem gesungenen Text (gat) und ein schnelles Finale (drut), welches den Song ins Fade-Out führt. Den Text über das Carpe-Diem-Motiv serviert Harrison ebenfalls in einem Mischstil aus indischem und Rock-Gesang, die für den Khyal-Gesang typischen Melismen spart er sich für das Ende des jeweils ersten Formabschnitts auf.

Nach seinen ersten Sitar-Stunden bei Ravi Shankar Ende 1966 konzipierte George *Within You Or Without You* (1967, Sgt. Pepper) auf Basis eines längeren Stückes seines Meisters, von dem er nach eigenen Worten eine »Mini-Version« schuf. Diesmal ließ George die anderen Beatles außen vor und arbeitete ausschließlich mit indischen Musikern, nahm allerdings eine »europäische« und von George Martin eingerichtete Geigensektion mit hinzu. Das Tonmaterial ist der Modus Khamaj Thaat, der dem europäischen Mixolydisch entspricht. Ich selbst entdeckte bei Recherchen zu einem meiner Schulbücher, dass der Raga »Jog« der Melodiegestaltung Harrisons am nächsten kommt. Laut meinem kleinen Führer durch das Universum hindustanischer Ragas handelt es sich hierbei um einen moderneren Raga ohne klar definierte religiöse Zuweisung, der aber den drei Stunden nach Mitternacht zugeordnet wird, was offensichtlich zum Thema des Songs, dem tiefer gehenden Gespräch ganz gut passt.

Die gesungenen Strophen stehen in gemächlichem Tintal, dem weit verbreiteten Rhythmus mit 16 Schlägen (wir würden 4/4-Rhythmus dazu sagen), der instrumentale Part allerdings in Jhaptal, einem Rhythmus mit 10 Schlägen. In diesem äußerst charmanten Abschnitt entspinnt sich ein musikalischer Dialog zwischen der indischen Geige Dilruba und der Sitar, danach zwischen der Sitar und der »westlichen« Streichersektion, ein Hauch gehobener Bollywood-Musik schwebt für mich über dieser Passage. Diese musikalischen Dialoge scheinen mir das Pendant zum »tiefen« philosophischen Gespräch von George und seinen Freunden zu sein, welches Ausgangspunkt für den Songtext war. Ohne weiter auf die zahlreichen Analysen und Interpretationen einzugehen, die bereits zu diesem Stück existieren, lässt sich sagen, dass alle bisherigen Autoren darin übereinstimmen, dass George hier nicht »abgeschrieben« hatte, sondern eine starke und vor allem klanglich blendend produzierte Synthese aus verschiedenen musikalischen Traditionen Indiens und westlicher Musik schuf.

The Inner Light war der dritte und letzte Beatles-Titel von George, der seine Neigung zu indischer Kultur reflektierte. Er war der erste Harrison-Titel, der es auf eine Beatles-Single schaffte und der einzige außerhalb von Europa aufgenommene Song der Beatles. Beatles ist hier natürlich wieder zuviel gesagt, denn bei den von Harrison produzierten Aufnahmen Januar 1968 in Bombay spielten nur indische Musiker das komplette Playback ein, Paul und John ergänzten bei der Fertigstellung des Songs Anfang Februar in London lediglich ein paar Backing Vocals.

Im Gegensatz zu den ersten beiden hier beschriebenen Songs, welche in der hindustanischen Tradition mit Tablas und Sitar standen, griff dieser Titel die Klänge der südindischen, karnatischen Tempelmusik auf. Auffällig auf *The Inner Light* ist der Wechsel zwischen den flotten Instrumental-Teilen und den gemächlich wirkenden Gesangsstrophen in »Half Time«. In den drei Instrumental-Abschnitten, die Georges Gesang einrahmen, führen die Oboe Shenai und die Laute Sarod auf Trommelbasis (hier wird die Phakavaj gespielt, die etwas größer ist als eine Tabla). Georges Betrachtungen über Innerlichkeit und Meditation, die fast wörtlich aus dem chinesischen Tao Te Ching (Laotse) übernommen waren, werden dagegen vom sanften Harmonium und einer Bambusflöte begleitet.

Und damit war die indische Phase der Beatles beendet. George Harrison hatte mit seinen drei Titeln eindrucksvoll demonstriert, dass er seinen Einblick in unterschiedliche

Musiktraditionen der indischen Musikwelt kreativ umsetzen konnte und deutlich »indischer« war, als die meisten vermuteten.

Die Veröffentlichung von *The Inner Light* als B-Seite von *Lady Madonna* sowie Lennons Refrain »Jai Guru Deva« auf dem zeitgleich aufgenommenen *Across The Universe* wurden dann von Außenstehenden vor allem mit dem Aufenthalt der Beatles im indischen Rishikesh ab Mitte Februar 1968 verknüpft. Der clevere Maharishi Mahesh Yogi hatte mit seiner »Transzendentalen Meditation« einen Weg gefunden, prominente und zahlungskräftige Westler in seinen Ashram in Rishikesh zu locken und ihnen einen lustigen Mix aus bewährt-traditionellen indischen Wahrheiten und moderner Bejahung des Weltlichen zu servieren. Egal, wie man zu Religion als Geschäftsmodell steht, schon innerhalb der Beatles gingen die Meinungen über den Maharishi auseinander. Während Paul vor allem die zeitlichen Freiheiten des Ashrams nutzte, seine nächsten Hits zu schreiben, ließ sich Lennon auf die Gruppensituation im Camp ein und verfasste charmante (*Dear Prudence*) und weniger charmante Portraits (*Bungalow Bill*) einzelner Gruppenteilnehmer. Das hässlichste Portrait zeichnete er indes im Song *Maharishi* vom Gruppenführer selbst, nachdem Gerüchte umgingen, der Guru habe sich meditierenden Teilnehmerinnen in sexueller Absicht genähert. George versuchte noch größeren Schaden abzuwenden, indem er John davon überzeugte, den Song *Maharishi* in *Sexy Sadie* umzubenennen, aber das war es dann auch. Ringo war sowieso schon wegen Verdauungsproblemen aus Rishikesh abgereist und auch die Rest-Beatles packten ihre Sachen, um in der Arbeit am *Weißen Album* und bei den internen Querelen um die Richtung der gruppeneigenen Firma Apple ihre ordentlich gewachsenen Egos aneinander zu reiben.

DAS JAHR DES APFELS

Als Paul McCartney sich bemüßigt fühlte, Ende 1967 das Ruder des führungslosen gelben U-Boots an sich zu reißen, beschloss er aus der Gruppe Beatles die Firma Beatles zu machen. Er erfand dafür den Apfel als Name und Logo, eine Sache, die dann Ende der 1970er Jahre von einem Computer-Hippie namens Steve Jobs mit bestem Dank gestohlen wurde.

Apple war eine Utopie der Beatles: Eine Firma von Künstlern für Künstler, bei der die Kunst und nicht das Geldverdienen im Mittelpunkt stehen sollte. Das Verkaufen von Musik und Kunst sollte neu gedacht werden. Zu diesem Zweck konzipierte man – größtenteils mit dem Personal, was sowieso schon für die Beatles arbeitete – fünf Apple-Abteilungen: Elektronik, Film, Musikverlag, Schallplatten und Boutiquen. Diese Idee einer selbstlosen, nicht ausschließlich kapitalistisch orientierten Firma fing den Zeitgeist zwischen Hippie-Ära und Studentenrevolte perfekt ein und versetzte alle an der Firma Beteiligten im ersten Jahr des Apfels in Euphorie.

Dass Künstler oft besser tun, sich um ihre Kunst anstatt um ein kommerzielles Unternehmen zu kümmern, war eine Lektion, die die Beatles mit Apple nicht sukzessive lernten, sondern im Crash-Kurs. Erschwerend kam hinzu, dass sie als Gruppe nicht mehr richtig funktionierten. Natürlich hatten sie inzwischen alles gelernt: Songs schreiben, Songs arrangieren, Songs produzieren und sich Gedanken über eine prima Verpackung machen. Nur Betriebswirte waren sie nicht und Brian Epstein, das finanzielle Genie und der Künstler-Scout in ihrer Mitte, war tot. Dem Label fehlte sowohl eine für Außenstehende identifizierbare künstlerische Richtung als auch ein Netz von internationalen Promotern oder kooperierenden Vertriebspartnern. Apple Records verkam schnell zum Laden, in dem jeder Beatle seinen eigenen Apfelsaft braute: Paul war an eigenen Hits interessiert, die er von anderen Künstlern wie Mary Hopkin oder der Gruppe Badfinger interpretieren ließ. George versuchte sich als ernsthafter Plattenproduzent und John war das Meiste schnuppe, solange die eigenen avantgardistischen Platten mit Frau Yoko teuer beworben wurden.

Und so war die Bilanz der Schallplatten-Abteilung trotz der Beatles als Hit-Garanten ernüchternd. Jenseits der Beatles-Alben brachte Apple nur 24 LPs von anderen Künstlern auf den Markt, das Thema Talentschmiede wurde verfehlt: Keiner der von Apple unter Vertrag genommenen Künstler konnte sich langfristig auf dem Markt etablieren oder blieb der Popwelt nachhaltig in Erinnerung.

Folk-Sängerin Mary Hopkin hatte zwar mit *Those Are The Days* einen internationalen Welthit, mochte sich aber mit den belanglosen Pop-Vorgaben ihres Managements nicht länger abgeben und zog sich schnell ins Privatleben zurück. Die Ivys, später in Badfinger umbenannt, konnten mit Paul McCartneys *Come And Get It* einen No.1-Hit landen und schrieben auch mit *Without You* einen internationalen Evergreen für Nilsson und (viel später) Mariah Carey. Doch der ständig von Journalisten angestellte Vergleich mit den Beatles ließ die Gruppe im Dauerschatten stehen.[17] Billy Preston, das wohl größte musikalische Talent des Labels, konnte mit der geringen Vertriebspower von Apple seine soul- und gospelorientierte Zielgruppe nicht erreichen und blieb für die Nachwelt vor allem »der Mann, der bei den Beatles mit dem E-Piano einstieg«.

Der einzige Künstler von späterem Weltrang, der von Apple unter Vertrag genommen wurde, war Songwriter James Taylor, der nach seinem LP-Debüt die Firma allerdings wieder in Richtung USA verließ. Der Entdecker des Künstlers und Beatles-Vertraute Peter Asher nahm sich jedoch auch in Amerika des anfänglich glücklosen und auch finanziell abgerissenen Künstlers an, der sich bei einem Motorradunfall beide Hände brach und dazu eine schwere Drogenphase durchmachte. Als Produzent des legendären Albums *Sweet Baby James* (1970) machte Asher James Taylor zum Stern der beginnenden Singer-Songerwriter-Ära und avancierte selbst in Kalifornien zum Mogul im Musikgeschäft.

Fun Fact: Auf seinem erfolglosen Debüt-Album bei Apple

---

[17] Die tragischen Ereignisse um Badfinger-Songschreiber Pete Ham, der sich 1975 27jährig (!) das Leben nahm, seien hier nur als Fußnote angedeutet; eine Beschäftigung mit der Biographie von Ham und den großartigen Alben der Gruppe sei hier empfohlen.

hinterließ Taylor den Beatles den Songtitel *Something In The Way She Moves* (1968), den George Harrison dann auf der Platte oder hinter der Studiotür aufgeschnappt haben muss. Ohne James Taylor (der dies mit Humor nahm) explizit zu erwähnen machte er dies zur Anfangszeile seines finalen Beatles-Hits auf *Abbey Road* (1969).

DIE SCHÖNSTEN FADES DER POPGESCHICHTE

Was ist der Unterschied zwischen *Help* (1965) und *Rubber Soul* (1966)? Richtig: Auf *Help* wird nur ein einziger Song am Schluss ausgeblendet (*Ticket To Ride*) und auf *Rubber Soul* gleich sieben Stück: *Drive My Car*, *You Won't See Me*, *The Word*, *Michelle*, *Girl*, *I'm Looking Through You* und *Run For Your Life*. Dies ist nicht nur ein Indiz dafür, dass die Beatles zu Beginn ihrer Karriere um schnöde Arrangeur-Tricks wie Zur-Steigerung-höher-Transponieren oder Am-Ende-Ausfaden-wenn-die-Ideen-ausgehen einen großen Bogen machten. Vor allem aber zeigt es, dass *Help* noch ganz von der Idee der Live-Performance und des Gruppen-Sounds lebte; bei Titeln, die man live und zu viert auf der Bühne oder vor die Kamera performen musste, war ein Fade-Out keine musikalische Option. *Rubber Soul* ist mit dieser Beweisführung das im Prinzip erste richtige Studio-Album der Beatles, bei dem die Gruppe keine Priorität mehr auf Live-Performance legte. Aufgefallen sein muss den Beatles und ihrem Produzenten allerdings im Nachgang, dass die sieben erwähnten Fades auf dem Album durch die Bank rein technisch, viel zu kurz und vor allem fantasielos waren.

Die sieben Fades auf *Revolver* (1966) sind dagegen spannender gestaltet: Auf *Taxman* bietet uns George kurz vor Schluss noch ein aufregendes Gitarrensolo, auf *Love You To* können wir die indischen Musiker beschleunigen und in der Ferne verschwinden hören. Besonders exstatisch sind die finalen vokalen Kulminationen auf *She Said She Said*, *I Want To Tell You*, *Got To Get You Into My Life* und *Good Day Sunshine*. Auf letzterem zaubern George Martin und Paul mit der Tontechnik und imitieren den letzten Gesangs-Refrain im Ping-Pong-Stereo.

Die drei schönsten Fade-Outs der Beatles, wenn nicht sogar der Popgeschichte, folgten nach *Revolver*: In *Strawberry Fields Forever* wird bei 2:57 mit dem Auftakt von Georges Gitarre ein Fade-Out eingeläutet, welches bei 3:32 beendet zu sein scheint. Doch gepfiffen – ab 3:34 kommen die Beatles mit einen Marschrhythmus, Trompeten und Mellotron-Flöten zurück, um dann bei 4:06 wieder ganz zu verschwinden.

All You Need Is Love ist Johns Hymne, die er kurzfristig für die am 25. Juni 1967 weltweit ausgestrahlte BBC-Live-Sendung *Our World* verfasste.[18] Die Nummer beginnt ihrem legendären Fade-Out bei 2:43 und feiert dann die Liebe mit einer Reihe von eingestreuten Musikzitaten: der *achten*

---

[18] Die BBC-Live-Sendung «Our World" sollte 18 Länder und Zu-schauer auf der ganzen Welt gleichzeitig zusammen bringen, auch fünf Länder aus dem Ostblock. Doch diese cancelten kurz vor der Ausstrahlung ihre Teilnahme und so blieb es bei etwa 500 Millionen Live-Zuschauern. Die Beatles bekamen vom BBC das Briefing: »Keep it simple so that viewers across the globe will understand.« Und genau so gestaltete John den Refrain des Songs mit minimalem Text, minimaler Melodie und »normalen« Akkordfolgen, die ungewöhnlichen Taktwechsel schmuggelte er jedoch in die Strophe des weltweiten Hits noch hinein.

zweistimmigen Invention von J. S. Bach, dem englischen Traditional *Greensleeves*, *In The Mood* von Glen Miller und drei Eigenzitaten aus *Yesterday*, *Sgt. Pepper's Lonely Hearts' Club Band* und *She Loves You*.

Höhepunkt: Für das Fade-Out der Single *Hey Jude* ersann Paul eine eigene achttaktige Melodie (Nananana), die bei 3:09 beginnt und erst bei der neunzehnten Wiederholung (!) verschwindet – wohl der einzige Song der Popgeschichte, bei dem das Fade-Out länger ist als der eigentliche Song. Über ein anderes legendäre Fade-Out der Beatles wird noch im Kapitel »Nummer Neun, Nummer Neun« die Rede sein.

UKRAINISCHE MÄDCHEN

Der enorme Respekt, den Paul McCartney vor seinem Songwriter-Kollegen Brian Wilson und besonders seinem Opus Magnum *Pet Sounds* (1966) hatte, hielt ihn nicht davon ab, die Beach Boys auf *Back In The U.S.S.R.* frech zu parodieren. Schon die musikalische Ausstrahlung vieler Beatles-Stücke wird ja bereits ohne eingehendere Textkenntnis von Hörern als »good-humoured« empfunden. Bei weitergehender musikstilistischer Analyse stellt sich heraus, dass sehr viele Beatles-Stücke parodistische Elemente enthalten – textliche und vor allem musikalische. Besonders Paul McCartney liebte es »im Stile von« zu schreiben und gleichzeitig den gewählten Stil parodistisch zu überhöhen. Bereits das ganz frühe *P.S. I Love You* (1962) ist textlich an Elvis' *Return to Sender* angelehnt. McCartneys Lust am musikalischen Spaß – der gleichzeitig immer auch Hommage für den parodierten Künstler oder Komponisten enthielt – ging bis zur Parodie des eigenen musikalischen Partners: 1973 (nach der Beatles-Trennung) veröffentlichte McCartney auf *Band On The Run* das Stück *Let Me Roll It*, welches bis ins Detail sowohl die musikalischen Vorzüge als auch die Manierismen von John Lennons Post-Beatles-Produktionen portraitierte.

Humor schien ein wesentlicher Faktor für die Kreativität der Beatles gewesen zu sein; die Studioatmosphäre bei den

klassischen Aufnahmen [19] war alles andere als ernst; stundenlang kam die Arbeit nicht voran, weil Gruppenchef und –
clown John sich von einem Kalauer zum nächsten hangelte.
Häufig wurden während der Proben Songs anderer Künstler nachgespielt oder parodiert. Und so wurden schließlich auch die Beach Boys, der hochgeschätze kalifornische
Konkurrent, Zielscheibe des Beatles-Humors.

Der Titel und der Rock 'n-Roll-Charakter von *Back In The
U.S.S.R.* beziehen sich zunächst auf den gemeinsamen musikalischen Ziehvater der Beatles und der Beach Boys: den
schwarzen Rock 'n-Roll-Musiker Chuck Berry, welcher 1959
Back In The U.S.A. veröffentlichte. Doch die eigentliche parodistische Zielrichtung des Titels wird in der Bridge des
Songs, bei den Worten »The Ukraine girls really knock me
out...« hörbar: Mit zusätzlichen Kopf- und Bassstimmen wird
im Background auf die musikalischen Merkmale des Beach-
Boys-Sound angespielt. Auf der textlichen Seite macht sich
Paul McCartney über den nationalen Chauvinismus und la-
tenten Sexismus der Beach Boys lustig, indem er die Frauen
des kommunistischen Erzfeindes genauso herzlich besingt
wie die Beach Boys ihre *California Girls.*

Das Hauptmotiv des Beatles-Songs – die Rückkehr zu
den geliebten Mädchen per Flugzeug – taucht im Beach
Boys-Song nur im Ansatz auf: »couldn 't wait to get back in
the States«. Ansonsten überwiegen – bei unterschiedlichen

---

[19]   in Mark Heertsgards Buch »Die Musik der Beatles« eindringlich
        beschrieben

Vorzeichen »USA« und »UdSSR« – die Gemeinsamkeiten; die weiblichen Schönheiten aller Landesregionen (Osten-Süden-Westen-Norden) werden in höchsten Tönen gepriesen. Bei den Beach Boys gipfelt diese Technik jedoch in einem lokalen Chauvinismus (»I wish they all could be California girls«), der den Beatles vollkommen fremd ist.

Back In The U.S.S.R. wird zum munteren Opener des *Weißen Albums*, das vollkommen durchlässig für die aktuellen gesellschaftlichen und politischen Themen des Jahres 1968 ist. Zur Entstehungszeit des Beatles-Stückes war es unmöglich für eine westliche Popgruppe in der Sowjetunion zu touren; für Amerikaner wie Chuck Berry oder die Beach Boys bedeutete die Sowjetunion gleichzeitig »terra incognita« und – die Kuba-Krise von 1962 war noch in bester Erinnerung – reale atomare Bedrohung. Die Umkehrung des Textes (aus Feind mach Freund) bei Beibehaltung der musikalischen Faktur erzeugte den speziellen Liverpooler Humor. Den Beatles gelang der menschliche Blick hinter den Eisernen Vorhang mit diesem Humor deutlich besser als später Sting mit seiner doch sehr didaktischen Nummer *Russians* (1985).

EIN WALZER FÜR PENSIONISTEN

Paul McCartney hatte 1968 offensichtlich einen Lauf. Seine Songs aus diesem Jahr sind so unterschiedlich wie nur denkbar, trotzdem oder gerade deswegen wurden viele davon Klassiker: *Hey Jude, Lady Madonna, Back In The U.S.S.R., Blackbird, Honey Pie, Ob-La-Di Ob-La-Da* oder *Helter Skelter*, um nur ein paar zu nennen. War es Johns, durch Yokos Ehrgeiz zusätzlich befeuerte Ansage, nach *Sgt. Pepper* und *Magical Mystery Tour* wieder das Songschreiber-Zepter bei den Beatles an sich zu reißen, die Konkurrent Paul zu solch textlichen und musikalischen Höchstleistungen trieb? Darüber können wir nur spekulieren, staunen aber im Nachgang über den enormen Output und die Disziplin, die Paul in dieser Phase an den Tag legte. Er schien die Fähigkeit zu besitzen, an jedem Ort zu jeder Tageszeit und zu jedem Thema einen Song abzusondern. Anders als John, der eher konzeptuell arbeitete, war Paul McCartney offen für alles, was im Verlauf des Songschreibens passieren würde. Kein Wunder, dass er von John für diese muntere, kreative Offenheit den ein oder anderen dummen Blick einstecken musste, besonders wenn er seinen Hunden Martha und Eddy jeweils einen Song widmete oder mit *Why Don't We Do It In The Road?* den nach *Love Me Do* (1962) textlich schlichtesten aller Beatles-Songs raushaute.

Lange Vorrede, schneller Hauptteil: Ich stieß im Internet auf einen handschriftlichen Zettel mit dem Text zu Pauls

Pensioneer´s Waltz, der auch aus dem Jahr 1968 stammen müsste, denn Paul hatte das gerade für die Beatles-Firma Apple erfundene Logo auf dem Textzettel hinzugefügt. Der Text kam nie über die hier wieder gegebenen Sätze hinaus, aber es gab bereits ein paar Akkordsymbole, die Paul McCartney unter dem Text hinzufügte. Auch die ansonsten allwissende Beatles-Bibel im Internet[20] konnte mir nichts über die Provenienz des Songs sagen, ein Internet-Kommentator behauptet aber, dass der Zettel aus einem verlorenen Skizzenbuch McCartneys stamme, welches im Internet per Auktion zum Kauf angeboten worden sei. Echt oder Fälschung? Ich freue mich über Rückmeldungen oder Meinungen. Oder besser noch: Über eine Vertonung und eventuelle Ergänzung dieses Fragments:

Pensioneer's Waltz

I stepped, two, three, waltz with me
Granny [*Großmutter*] of mine,
Skip [*hüpfen*] to the beat of a lager and lime [*Beer mit Zitrone*]
Move with such grace, smile with such style
Hughie is green, [*Hughie Green, britischer TV-Moderator 1920-1997*]
but I'm biding awhile, Thank you Sir.

Denn – Ende der kleinen Betrachtung – ich wurde während meiner beruflichen Laufbahn häufiger gebeten Songschreib-Workshops zu geben, was einerseits eine Ehre war, mich aber jedes Mal vor die immer gleichen Probleme stellte, weil man (dies meine ehrliche Meinung, die ich bei den Workshops natürlich so nicht sagen durfte) das meiste in der Musik erlernen kann, z.B. das Spielen eines Instruments und Noten lesen, Intonation und Rhythmus, Interaktion mit anderen Musikern, formale Kompositionstechniken und Instrumentation, aber Songs? Selbst einer bedingt musikalischen Person kann ohne jegliche Vorkenntnisse ein Welthit rausrutschen und den größten musikalischen Talenten kann es auf immer verwehrt bleiben, in ihrem Leben überhaupt einen relevanten Song zu schreiben. Mit KI wird sich das in Zukunft natürlich etwas verändern, aber es bleibt die Frage, welche Beurteilungs-Kriterien wir anlegen: Soll es ein handwerklich filigraner und origineller Song mit aussagekräftigem Text werden oder ein Irgendwas, das möglichst viele Clicks und positive Emojis bekommt? Und soll ich Workshop-TeilnehmerInnen für eventuell entstandenen Lieder-Käse positiv verstärkend loben oder ihnen den bitteren Essig der Wahrheit einschenken?

Der gangbare Ausweg aus diesem Dilemma waren Gehhilfen für meine Songwriting-Workshop-Teilnehmer. Nach wenigen unverfänglichen Faustregeln präsentierte ich ihnen – zum Text-Erfinden – eine Reihe von nie vertexteten Playbacks aus der Rock- und Pop-Geschichte oder – zum

Musik-Erfinden – Lyrics von bekannten SongwriterInnen, welche nie mit Musik versehen worden waren. Dabei war ein frühes Blues-Stück von Frank Zappa, ein umfangreicherer Songtext von Amy Winehouse und genau dies hier: der kleine Pensionisten-Walzer von Paul McCartney. Prima für meine Workshops, aber angesichts der bombigen Lieder, die Paul sonst im Jahr 1968 schrieb, nicht schlimm, dass diese Skizze Fragment blieb. Vielleicht hätte der *Pensioneer´s Waltz* zu einer Art *When I'm Sixty-Four (Part II)* werden können, aber da ja Paul von John öfters für seine »Granny Songs« wie *Your Mother Should Know* oder *Honey Pie* ge-scholten wurde, ließ er es in diesem Fall bleiben.

NUMMER NEUN, NUMMER NEUN

Dass er 1968 lieber eine Einzel-LP von den Beatles bekommen hätte und nicht das ausufernde *Weiße Album* mit 30 Tracks auf vier Plattenseiten, aus diesem Urteil hatte Produzent George Martin nie einen Hehl gemacht. Die Reaktion der Nachwelt zeigt, dass der immer zielorientiert und ökonomisch arbeitende Produzent hier einmal falsch lag: Die Beatles verströmten sich auf dem *Weißen Album* in alle denkbaren Richtungen der Musik und schufen eine Diversität, die es so vorher auf einem Tonträger noch nie gegeben hatte. Dafür musste der immer höflich auftretende Grandseigneur Martin zurückstecken. Die inzwischen von leichtem Größenwahn gepackten Beatles übernahmen im Mai 1968 gleichzeitig die drei Studios des Abbey Road-Studiokomplexes und herrschten wie Revolutionsführer: Wer nicht spurte, wurde zwar keinen Kopf kürzer gemacht, aber dennoch schnell auf seinen angestammten Platz verwiesen. George Martin arrangierte sich mit der neuen Situation, nahm einen Stapel Zeitungen und einen ausreichenden Vorrat von Cadbury-Schokoladenriegeln mit in den Regieraum, um die endlosen Sessions und Reibereien zwischen den Einzel-Beatles stoisch auszusitzen. Da auf vier LP-Seiten genügend Platz für alle anfallenden Ideen von John, Paul und George war, gab es nur zwei Outtakes: Lennons bizarres *What's The New Mary Jane* und Harrisons einfallsloses

Not Guilty,[21] ansonsten wurde alles untergebracht, von grimmigem Proto-Punk (*Helter Skelter*) über nettes Hundelied (*Martha My Dear*) bis zu echten musikalischen Experimenten.

Klar, ich spreche vor allem von *Revolution 9*, jener Soundcollage, welche die Beatles-Gemeinde schon immer spaltete, sehen die einen darin doch nur 8 Minuten und 22 Sekunden nervigen Lärm, die anderen hingegen die ernsthafte Hinwendung der Gruppe zur musikalischen Avantgarde. Ganz vom Himmel fiel das Ganze nicht: Schon seit 1966 beschäftigte sich Paul bereits mit Avantgarde-Kunst und Neuer Musik.

Als erster Versuch in diese Richtung darf der »heilige Gral« der unveröffentlichten Beatles-Aufnahmen, das Stück *Carnival Of Light* von 1967 gelten. Dieses 14minütige Stück wurde für den legendären »The Million Volt Light and Sound Rave« im Londoner Roundhouse im Januar 1967 in Auftrag gegeben und erklang dort auch das einzige Mal. Paul dirigierte während der Aufnahmen die anderen Beatles durch ein Sammelsurium von zufällig im Studio erzeugten Klängen ohne klare Struktur, in der Nachbearbeitung wurden noch etliche Geräusche und Effekte hinzugefügt. Das planlose Vorgehen Pauls echauffierte besonders Produzent George Martin, der die Gruppe im Nachgang ermahnte, »konstruktiver« zu arbeiten. Pauls Wunsch, das Stück in den 1990er

---

[21]   Beide Titel zu hören auf *Anthology 3*

Jahren der *Anthology 2* hinzuzufügen, wurde von George und Ringo nicht unterstützt. Zur Warnung für die neugierig gewordenen Leser: Im Internet kursieren bislang nur Fakes, das Stück lagert weiterhin unter strengem Verschluss in den EMI-Archiven.

Eigentlich erstaunlich, dass sich George Martin bei Pauls erstem Versuch an neuen Klängen so konservativ zeigte, war er selbst doch lange vor seiner Zusammenarbeit mit den Beatles bereits eine Art »Pionier der Tontechnik«, der mit Mehrspurtechnik, elektronischen Klangerzeugern, Bandgeschwindigkeiten und waghalsigen Geräuschkombinationen experimentierte – vieles, was nachher direkten Einfluss auf Beatles-Produktionen hatte. Und so war es dann auch beim nächsten Mal anders: Johns Tonschnipsel-Aufgabe für das Zwischenspiel und das Finale von *Being For The Benefit Of Mr. Kite* (1967, Sgt.Pepper) bereitete Martin großen Spaß. Er und die Beatles warfen Tonbandschnipsel mit Orgelaufnahmen in die Luft und klebten sie beliebig wieder zusammen. Schwer zu glauben, dass George Martin nichts von John Cages aleatorischen Band-Kompositionen wusste, in denen auch Tonbandschnipsel mit Zufallsoperationen zusammengesetzt wurden: dem *Williams Mix* (1952), dem *Fontana* Mix (1958) oder dem *Rozart Mix* (1965). Besonders gut zu hören sind die Mixergebnisse von George Martin und den Beatles auf der *Anthology*-Fassung des Stückes zum Ende der Aufnahme.

So viel Spaß George Martin an der Tonbandcollage für

Being For The Benefit Of Mr. Kite hatte, so wenig konnte er mit Johns Rohversion von *I Am The Walrus* (1967) anfangen, die wir auch auf *Anthology 2* hören können. Bei *Mr. Kite* fügten sich für ihn Text und Klang, für die grobe musikalische Energie des Walrosses mit dem Dada-Text fehlten ihm zunächst die Antennen. Aber – wie großartig war dann das, was er dem ungeliebten Beatles-Song als Arrangement mit kleinem Orchester und Chor hinzufügte! John bediente sich im Text des Songs und ín der Schluss-Collage bei Radiogeräuschen, englischen Kinder-Nonsense-Versen wie *Umpah Umpah, Stick it up your jumpah!*, Zitaten aus *Alice in Wonderland* und Shakespeares *King Lear* und schuf so ein weiteres legendäres Beatles-Fade Out.

Doch noch hatte John mit *Mr. Kite* und *Walrus* nicht den Schritt weg vom Pop-Song mit Akkorden, Lyrics und Gesang gewagt. Erst als Yoko Ono – unter leisem Murren der anderen Beatles – Teil des Kreativteams auf dem *Weißen Album* wurde, brachen die Dämme. John Cage erwähnte ich schon einige Sätze vorher. Dieser amerikanische Komponist und Musik-Neuerer war aber mitnichten Erfinder der modernen Tonband-Kunst; da waren die Franzosen mit ihrer »Musique Concrète« und das elektronische Studio in Köln mit Karl-Heinz Stockhausen eher am Ball. Doch während Stockhausen & Co. noch mit aufwändigen Bastel- und Rechenarbeiten im Tonstudio beschäftigt waren, setzte Cage auch bei seinen Tonband-Versuchen auf aleatorische Verfahren, die er – ganz Denker und Philosoph – von anderen ausführen und sich überraschen ließ.

Die direkte Brücke von John Cage zu John Lennon bildete die Aktions-Künstlerin Yoko Ono, der Cage das Stück *4'33"* *No. 2* (auch *0:00* genannt) widmete, eine Variation oder soll man sagen, absurde Steigerung des legendären ersten *4'33"* jenem revolutionären Stück, in dem der Interpret am Klavier nichts spielte. Denn im Gegensatz zur definierten und strukturierten Zeit von *4'33"* (das Stück hat drei Sätze!) bildet die für Cage so typische aleatorische Anweisung für *0:00* eine Loslösung von allem: *Solo to be performed in any way by anyone* (»Solo, das von jedermann in irgendeiner Weise aufgeführt werden kann«). Eher wie der Spruch eines Zen-Meisters klang die Originalpartitur des Werks: *In a situation provided with maximum amplification (no feedback), perform a disciplined action* (»Führe mit einer für die Situation maximalen Verstärkung (keine Rückkopplung) eine disziplinierte Aktion auf«). Am 24. Oktober 1962 wurde das Stück von John Cage unter Beteiligung von Yoko Ono und ihrem ersten Mann, dem japanischen Komponisten Toshi Ichiyanagi, uraufgeführt. Auf dem 18 Minuten langen Mitschnitt der Aufführung hört man allerlei nicht zu identifizierende Geräusche mit Holzmaterialien oder dem Flügel, dazu ein manchmal amüsiertes Publikum und sonst nichts. Weiter existieren wenige Fotos, eines davon mit Yoko Ono, die sich quer über den Flügel ausstreckt.

Diese besondere Art von absichtsloser, für normale Hörer

manchmal langweiliger, von John Cage aber immer freudig begrüßter Ereigniskunst war genauso weit entfernt von der rigide organisierten europäischen Neuen Musik wie von den Hits der cleveren und effektiv arbeitenden Beatles. Die Saat Yoko Onos ging auf, aber in einer ganz anderen Weise, als es den Intentionen oder Nicht-Intentionen von John Cage entsprach. Statt einer Kombination zufällig ausgewählter Geräusche auf Tonband schuf Lennon auf *Revolution 9* mit Hilfe von Yoko, George Harrison und George Martin ein emotional hochaufgeladenes Klanggemälde, eine wilde, ereignisreiche Geräusch- und Musik-Collage, die von der Beatles-Literatur und den Beatles-Fans noch strafbar wenig auf ihre möglichen Bedeutungen und Assoziationen hin analysiert worden ist. Der Mix aus Johns melancholischem Klavierstück, absurden Dialogen, Lauten eines Babys, Urschreien von John (das aus *Revolution 1* geborgte »Alriiiiight«), Yokos Geflüster, Orchester- und Beatles-Songschnipseln und der immer wiederkehrenden BBC-Sprecherstimme, die »Number Nine, Number Nine« sagt, ist für mich jedes Mal ein immer noch haarsträubendes Musikerlebnis, ohne welches das *Weiße Album* keinen finalen Höhepunkt hätte, der sich danach sanft im von Ringo gesäuselten *Good Night* auflöst.

Kleines Nachspiel: Anfang der 1970er Jahre klopfte bei John Lennon ein höflicher, älterer Mann an die Tür seiner kleinen Wohnung im New Yorker West Village und beschwerte sich darüber, dass John beim Musikhören Boxen benutzte, die an die Wand montiert waren; der Lärm, der dadurch in die anderen Wohnungen dringen würde, störe ihn bei seiner Arbeit. Yoko schien an diesem Tag nicht zuhause gewesen zu sein, denn nur langsam fiel bei John der Groschen, dass es sich hier um den Komponisten handelte, der ihn zu *Revolution 9* inspiriert hatte und nun direkter Nachbar der Lennon-Onos war, woraus sich natürlich schnell eine Freundschaft entwickelte. John Cage war bereits seit 1966 von der Musik der Beatles nachhaltig beeindruckt und hatte Yoko Ono um Manuskripte von Beatles-Songs gebeten. Zu Beginn der 1980er Jahre schrieb John Cage dann dem ehemaligen Nachbarn John und seinen Kollegen mit seiner Piano-Komposition *The Beatles 1962-1970* selbst eine Hommage, welcher aber die Intention, die Kraft und Emotionalität von John Lennons *Revolution 9* ganz abging. Doch dem meist lächelnden und immer neugierigen Gottesnarr Cage wäre solch eine Meinung wie die meinige ganz und gar egal gewesen, seine Kraft lag im Wahrnehmen, nicht im Urteilen.

FUN OR FACT? WAS DAS MUSIZIERENDE VIERERKOLLEKTIV »VEB BEATLES« IM JAHRE ACHTUNDSECHZIG ALLES SO ERLEBTE

»Ich will nicht länger ein singender und hüpfender, dem Kapital höriger Wischmop sein«, sagt John Lennon am 3. Januar 1968 seinem musikalischen Partner Paul McCartney, »wir hören mit den Live-Konzerten auf«. Doch der für spätbourgeoise Arbeitgeberlogik anfällige Paul entgegnet knapp: »Das haben wir doch bereits vor zwei Jahren beschlossen, John«. Aus Trotz nimmt John eine bewusstseinserweiternde Droge und erkennt vierundzwanzig Stunden später, dass er der wiedergekehrte Jesus Christus ist. Die Sache wird in der Vorstandssitzung der Beatles-Firma Apple am 10. Januar 1968 offen diskutiert. George Harrison meint, dass diese Entwicklung zu wichtig sei, als dass man irgendetwas überstürzen solle.

Um sich selbst zu finden, fliegen alle vier Beatles in den Ashram des Maharishi, doch Ringo Starr reist nach einer Woche wieder ab, weil ihm die Diät aus Broccoli und in Hanf gedämpften Zwergmöhren nicht zusagt. George nimmt Unterricht auf der Sitar und hat Probleme beim Saiten-Aufziehen; Paul nimmt Yoga-Stunden und holt sich einen Knacks beim Lotussitzen; nur John bastelt in seiner Meditationszelle begeistert an einem unsichtbaren Vorhang aus Ultraschall, der die Beatles vom Gekreisch ihrer Anhänger abschirmen soll. Der Maharishi gibt den Beatles seine Bankverbindung und ein fröhliches »High sein, frei sein, Terror muss dabei sein« mit auf den Heimweg. Auftritt Yoko Ono.

Am 19. Mai 1968 experimentiert John auf seiner Mundharmonika mit einem progressiven 4/5-Takt. »Vierfünftelnackt hat Uschi Obermaier schon gebracht«, ruft da eine schrille Stimme mit japanischem Oberschicht-Akzent »für dich zieh ich mich ganz aus, John!«. »Wie schön, Yoko«, antwortet dieser, »lass uns einfach Liebe machen, alle Nebengeräusche aufnehmen und die dann als LP mit einem schockierenden Cover herausbringen!« »Was für ein schockierendes Cover«, sagt die Plattenfirma dann auch zum schockierenden Cover auf dem John Lennon und Yoko Ono schockierend nackt zu sehen sind.[22] Körbeweise treffen Briefe empörter Fans ein: »John und diese japanische Frau sind so furchtbar hässlich, wir wollen lieber Paul nackt sehen!« Yoko ist empört: »Dieser chauvinistische Platzhirsch Paul, der die Überlegenheit meines feministischen Künstlertums als Bedrohung seiner kümmerlichen Vorstadt-Potenz nicht verarbeiten kann«, brüllt Yoko John an. »Tu etwas, John!« »Wenn es denn der Wahrheitsfindung dient« sagt John, trottelt zu Paul und versucht ihm schonend beizubringen, dass seine repressiv-faschistoiden Verhaltensmuster Yoko ziemlich nerven. »Reden ohne Handeln ist Unrecht«, kontert McCartney und versteckt Yoko Onos Fingerfarbentöpfe. Yoko ist empört und kreischt »Tu

---

²² Unfinished Music No. 1: Two Virgins, Album von Yoko Ono und John Lennon

etwas, John!«, worauf dieser das Masterband von *Yesterday* in 87 Tonbandschnipsel unterschiedlicher Länge schneidet und diese per Nachnahme an John Cage sendet. Cage bedankt sich zwei Wochen später mit einem Rezept für Chinesische Pilzsuppe.

Am 4. Juni 1968 legt sich John zum Singen des Stückes *Revolution* auf den Studioboden, um den Klang seiner Stimme zu revolutionieren. Aber Yoko meint, dieses sei keine antikapitalistische, sondern eine konterrevolutionäre Aktion, weil sie nur der Plattenfirma, ergo dem Kapital nütze. Da erscheint Mick Jagger im Studio und spielt beiden stolz seine neue Single vor, in der er sich fragt, was denn ein armer Millionärsjunge anderes tun könne, als in einer Rock´n-Roll-Band zu singen. John und Yoko halten Jaggers Statement für degoutant und lassen ihn vom Notenwart entfernen.

Einige Tage später möchte auch Solo-Gitarrist George Harrison aus Protest gegen die Gleichgültigkeit, mit der die Menschen dem Völkermord in Vietnam zusehen, eine eigene Komposition aufnehmen. »Wer noch nicht einmal seine Sitar stimmen kann«, rüffelt ihn Paul, »hat hier überhaupt nichts zu melden«. George dackelt ab und findet Trost bei Yoko, die ihm erklärt, wie der McCartneysche Profitfaktor die Beatles-Platten zum Instrument des internationalen Kapitals macht.

Am 22. August verlässt der Schlagwerkspieler Ringo Starr entnervt das Kollektiv, Paul schiebt die Schuld auf Yoko, weil diese nach Wiederauffinden ihrer Fingerfarbentöpfe Ringos Schlagzeug bemalt hatte. Yoko entgegnet diesen Vorwürfen mit einem »Fick dich ins Knie«, was Paul aber nicht weiter aufregt, weil sie es auf japanisch sagt. Eine Woche später ist Ringo Starr wieder da und trägt eine revolutionär weinrote Kunstlederjacke. Er nimmt einen giftgrünen Pudding und bewirft damit Paul: »Gegen eine Gruppenjustiz, in der die Rollen verteilt sind,« skandiert er, »muss man außerparlamentarisch opponieren«. Er ruft die anderen zwei Beatles auf, sich seinem Bündnis von uteralem Beat mit einem am eigenen Puritanismus obsolet gewordenen Bewusstsein anzuschließen. »So wird der Agon zum Warentest« frohlockt Yoko, was aber keiner nachvollziehen kann. John und Yoko machen zum Abschluss des gelungenen Tages erstmal ein Love-In und schicken die anderen Beatles in die Kneipe gegenüber. Just in dieser Nacht kehrt Produzent George Martin aus seinem Urlaub zurück und erkennt sein geliebtes Tonstudio nicht wieder, welches John und Yoko in eine 13 Quadratmeter große Matratzenlandschaft verwandelt haben, die mit Büchern von Dutschke, Marcuse und Enid Blyton, Mantra-Cassetten des Maharishi, eigenen Aktfotos, schmutziger Unterwäsche und Pilzsuppe von John Cage drapiert ist. George Martin ist schockiert und lässt sich von der Plattenfirma für vier weitere Monate beurlauben.

Am 10. September unternimmt George einen weiteren Vorstoß mit einer Eigenkomposition, diesmal rhetorisch geschult von Yoko: »Der Rock ist nur ein Gebrauchswert, Paul. Die rigorose Ausbreitung der Profitökonomie und die

Maschinisierung der Sexualität zementieren die Herrschaft des Tauschwerts, Paul. Nur die Aufhebung der Dialektik von Protest und Partizipation kann die Ambivalenz unseres beat-involvements rechtfertigen, Paul. Du musst dich von deinen simpel-merkantilen Ohrwürmern à la *Ob-La-Di Ob-La-Da* trennen, du musst dich entwurzeln, Paul, um die Inszenierung des Geschlechterkampfes zu durchschauen, Paul. Und jetzt muss ich mal, Paul. Auch ein Hippie muss mal Pippi!« »Unter den Talaren der Muff von tausend Jahren«, kontert Paul flink, während John ihm mit einem »Hastu Haschisch in den Taschen, hastu immer was zu naschen« beisteht. Mit »Ho Ho Ho Tschi Minh« versucht Yoko einzufallen, doch diese abgestandene Phrase findet selbst Lover John in diesem Moment deplatziert.

Achtundsechzig – das wohl beste Jahr für das musizierende Viererkollektiv aus Liverpool, welches in ausgelassener Laune den Jahrgang mit einer Weihnachtsfeier beschließt, zu der Mick Jagger geladen hat. »Du, John, ich finde, du solltest dir wirklich mal unsere neue Platte anhören«, bettelt der verzagte Jagger »denn es gibt schon viele Studenten im SDS, die uns ganz dufte finden, weil wir uns nicht vom System vereinnahmen lassen«. Und in diesem Moment lässt selbst John von Yoko unterm Weihnachtsbaum ab, schaut zu seinen langjährigen musikalischen Partner Paul McCartney hinüber und lächelt ihm in stillem Einverständnis zu.

DAS GRAUE ALBUM

Die zahlreichen Schnipsel und Glossen rund um das ereignisreiche Beatles-Jahr 1968 können nicht komplett sein ohne einen Hinweis auf die wohl folgenreichste Bearbeitung von Beatles-Titeln in aktuellerer Zeit: Das Mash-Up *Grey Album* (2004) von Danger Mouse.

Mash-Up nennt man die Technik, unterschiedliche Poptitel digital miteinander zu »vermischen«. Rapstar Jay-Z hatte DJ Danger Mouse eine Steilvorlage gegeben, indem er sein richtungsweisendes *Black Album* (2003) auch in einer a cappella-Version verfügbar gemacht hattte. Und so kombinierte Danger Mouse in seinem »Kunst-Projekt« die Vocals von Jay-Z mit instrumentalen Passagen vom *Weißen Album* (1968), was zu atemberaubenden musikalischen Momenten führte, wenn der Text von *99 Problems* zu Samples von *Helter Skelter* gerappt wurde oder John Lennons »Oh Yeah« aus *Glass Onion* Jay Z's *Encore* kommentierte.

Das *Grey Album* wurde in einer 3000er Auflage hergestellt, ohne dass Danger Mouse bei der EMI eine Erlaubnis zur Benutzung der Beatles-Samples angefragt hatte. Diese hätte er angesichts des enormen Umfangs der gesampelten Beatles-Stellen auch nie bekommen. Jay-Z jedoch hatte seine A-Cappella-Parts veröffentlicht, um ebendies zu befeuern: Remixe und Mash-Ups. Die auch im neuen Jahrtausend immer noch stockkonservative EMI hätte vermutlich nicht mit einem rigiden Verbot reagiert, wäre das Album nicht euphorisch von amerikanischen Musikzeitschriften besprochen und im Internet viral verbreitet worden.

Was sich noch vor wenigen Jahren ausmachte wie ein Kulturkampf zwischen konservativen Musikrechte-Millionären und progressiven Kritikern, die ganze Bücher über die kulturelle Relevanz von Sampling und Mash-Upping verfassten, hat sich heute relativiert. Zwanzig Jahre nach Anrühren des auch von den Rest-Beatles geliebten Mischgetränks hat die musikalische und künstlerische Magie des Albums nachgelassen, weil – und das schmälert die Pionier-Leistung von Danger Mouse um keinen Deut – jeder, der einen Laptop besitzt und sich für eine coole Hiphop-Socke hält, relativ problemlos zu Hause Ähnliches herstellen kann. Besonders die Möglichkeiten der »Künstlichen Intelligenz«, bestehende historische Aufnahmen wieder in Einzelspuren (Bass, Drums, Stimme etc.) zerlegen zu können, wird in wenigen Jahren zu einer unübersichtlichen und urheberrechtlich chaotischen Superschwemme an Veröffentlichungen führen. Wenn aus jedem Kinderzimmer der Welt Musiktitel ins Netz hochgeladen werden, bleibt qua Chaos und gigantischer Angebotsmasse weder echten KünstlerInnen noch den HeimbastlerInnen ein Jota Aufmerksamkeit. Selbst die von Andy Warhol im Jahr 1968 ausgerufene »Viertelstunde Weltberühmtheit« wird es dann für niemanden mehr geben.

Kultureller Pessimismus ist so alt wie das Geunke unserer griechischen Kulturerfinder aus der Antike, doch meine persönliche These vom künstlerischen Ende der Popmusik mit Ende des 20. Jahrhunderts kann durch Wegmarken wie das *Grey Album* unterstrichen werden. Geht es doch im Kulturbetrieb lang schon nicht mehr um die Musik oder Kunst selbst, sondern lediglich um die Meinungsherrschaft. Für mich persönlich ist das kein Drama, aber in der medialen Wiedergabe und Wiederkäuung von Kunst und Musik dreht sich schon seit langem ein Karussell aus sinnlos gefeierten Künstler-Geburtsjahren, Musik-Album-Jubiläen und vom Feuilleton hochgejazzten Kuratorinnen-Trends, welches genauso ist wie die ZDF-Sendung »Aspekte«: ein Grund zum Abschalten.

DIE KI SCHREIBT EINEN JOHN LENNON-TEXT

Felix: Liebe KI, schreibe mir einen verrückten John-Lennon Text im Stil von *I Am The Walrus, Happiness Is A Warm Gun* oder *Come Together.*

KI: (Verse 1) Beneath the neon sky, where whispers weave and wane,
I wander in the cosmic dance, lost in the refrain.
My mind, a swirling galaxy, where dreams and shadows play,
In Yoko's eyes, I find the night, where stars and moonlight sway.

(Chorus) In the carnival of dreams, we'll make our stand,
With Yoko's hand in mine, we'll paint the cosmic land.

(Verse 2) I am the jester of the stars, the troubadour of dreams,
In the tapestry of time, where nothing's as it seems.
With Yoko by my side, we'll paint the sky with hues,
In the carnival of souls, where love and madness fuse.

(Bridge) Happiness is but a whisper, in the symphony of night,
But in Yoko's arms, I find my warmth, my guiding light.

In the chaos of existence, where dreams and nightmares meet,
With Yoko's love, my heart finds solace, my soul finds its beat.

145

(Verse 3) I am the walrus, the wanderer, the fool,
In the carnival of life, where every dream is cool.
With Yoko's laughter as my compass, we'll chart the cosmic sea,
In the dance of eternity, where we'll forever be.

(Chorus) In the carnival of dreams, we'll make our stand,
With Yoko's hand in mine, we'll paint the cosmic land.

But yesterday's tunes, they whisper in the breeze,
Paul's melodies lost in the cosmic seas.
Yet amidst the laughter, amidst the cosmic play,
With Yoko's hand in mine, we'll find our way.

(Chorus) In the carnival of dreams, we'll make our stand,
With Yoko's hand in mine, we'll paint the cosmic land.

Felix: Liebe KI, danke dass du mir mit diesem Quatsch ein weiteres Kapitel in meinem Büchlein spendiert hast.

KI: Keine Ursache. Gerne immer wieder.

FUN OR FACT? JOHN UND PAUL AUF DER ANKLAGEBANK

Hohes Gericht, angeklagt werden die beiden Songschreiber James Paul McCartney und John Winston Lennon, in sieben Fällen musikalische Ideen von anderen Urhebern gestohlen zu haben. Die Beklagten leugnen ihre – wie sie es selbst nennen – »musikalische Inspirationen« in keinem der genannten Fälle, halten sie jedoch selbst für lässliche Sünden auf dem Weg zu ihren ureigenen musikalischen Schöpfungen. In den Zeugenstand rufen wir den musikalischen Gutachter, der sich länger schon mit den musikalischen Oeuvre der Beatles sowie genügend anderen Genres inner- und außerhalb der Popmusik beschäftigt hat.

Werte Frau Richterin, liebe Jury, Anwesende. Ich fühle mich geehrt, die Musik von Herrn Lennon und Herrn McCartney auf etwaige Plagiatsvorwürfe prüfen zu dürfen, befürchte aber, dass mit Einberufung dieses Zivilprozesses nur kostbare Lebenszeit aller Anwesenden verschwendet wird. Denn was wird den Beklagten hier im Einzellfall wirklich vorgeworfen?

Nehmen wir den ersten Fall, welcher Herrn Paul McCartney beschuldigt, das Bass-Riff von *I Saw Her Standing There* (1963) von seinem musikalischen Vorbild, dem Gitarristen und Sänger Chuck Berry gestohlen zu haben. Basale musikalische Elemente wie dieses gewöhnliche und auch schon weit vor Chuck Berry häufig benutzte Bass-Riff unterliegen keinem besonderen musikalischen Copyright, sondern sind notwendige Bausteine, ohne die man überhaupt kein musikalisches Arrangement bauen kann.

Eine ähnliche Bagatelle gibt es beim Gitarren-Riff von *I Feel Fine* (1965), das angeblich einer Gitarren-Phrase aus dem Titel *Watch Your Step* (1961) von Bobby Parker entnommen sein soll. Ja, liebe Jury, auch ich höre da eine entfernte Ähnlichkeit, aber eben nur eine entfernte. Das Riff der Beatles auf *I Feel Fine* ist klarer geformt und besser gespielt. Der Musiker Bobby Parker beziehungsweise seine Nachfahren sollten froh sein, dass kraft dieser Beschuldigung sein ansonsten obskurer Name überhaupt noch einmal in den Annalen der Popgeschichte auftaucht!

Hier nun der dritte Vorwurf, der erste, den ich überhaupt ernst nehmen kann. Im Titel *Birthday* vom legendären *Weißen Album* haben sich unsere Beklagten offensichtlich beim berühmten Gitarren-Riff aus *Pretty Woman* (1964) bedient, jenem Titel, mit dem Roy Orbison ewigen Pop-Ruhm erlangte. Ja, die beiden Songschreiber müssen hier gerügt, aber nicht bestraft werden, denn weder haben sie sich an der Melodie noch am Text von *Pretty Woman* vergangen. Als Wiedergutmachung für dieses Schielen über den Heftrand empfehle ich den Herrn Songschreibern eine kleine Spende an den Roy-Orbison-Gedächtnisfonds und ein Entschuldigungsschreiben an Julia Roberts.

Den nächsten Vorwurf, der Anfang des Songs *Hey Jude* weise Ähnlichkeiten mit einem *Te Deum* aus dem Jahre

1907 auf, können wir schnell überspringen, denn kraft der Gesetzeslage ist mit diesem zeitlichen Abstand jeglicher Anspruch auf Anteile an Beatles-Tantiemen erloschen. Noch dreister fordern die rechtlichen Nachfahren der Komponisten von *Albatross*, das die Gruppe Fleetwood Mac 1968 zum Hit machte, Anteile der Tantiemen von *Sun King*, jenem kleinen Fragment auf dem großen Medley von *Abbey Road*. Ja ja, der Sound und der Rhythmus von *Sun King* sind ähnlich wie auf *Albatross*, so what?

Ich bin fast durch und muss auch gleich weg. Darum mein schneller Schluss: Natürlich überschlagen sich im Fall von Herrn McCartneys *Yesterday* die finanziellen Begehrlichkeiten, denn im schlüssig nachgewiesenen Plagiatsfall gäbe es ordentlich was zu holen. Doch die Herren in den Nadelstreifen können sich gleich wieder in ihre angestammte Pizzeria verziehen: Nein, *Yesterday* ist nie im Leben und nur über meine Leiche eine »direkte Übernahme der neapolitanische Weise *Piccere*«. Basta! Ja, ich weiß, hier vorne sitzen auch die gedungenen Damen und Herren Musikwissenschafter aus New York, die im Auftrag eines großen US-Verlags die Ähnlichkeit von *Yesterday* zum Jazz-Standard *Answer Me, My Love* beweisen wollen, der ja eigentlich gar kein Jazz-Standard ist, sondern ursprünglich nur eine deutsche Schlager-Schnulze namens *Mütterlein*. Wollte man jedoch alle harmonischen Anleihen aus alten Standards oder Schnulzen in Pop-Produktionen seit 1960 bestrafen, würde kaum ein wichtiger Produzent oder Songwriter mehr frei herumlaufen.

Lasst also der lieben Yoko Ono ihre Tantiemen, die spendet auch gern für das Gute auf der Welt. Ich plädiere im Fall von Herrn Lennon und Herrn McCartney für Freispruch auf der ganzen Linie und die Kosten des Verfahrens sollen mal gefälligst die Kläger tragen.

Nachspiel: Der einzige Fall, in dem das Songschreiber-Duo wirklich für eine musikalische und textliche Anleihe Geld zahlte, war der Song *Come Together*, der einen grundsätzlich ähnlichen Rhythmus, eine grundsätzlich ähnliche Melodieführung und eine gemeinsame Textzeile mit dem Song *You Can't Catch Me* (1956) von Chuck Berry aufwies. Lennon und Berry einigten sich außergerichtlich. Wer sich die Mühe macht, auf YouTube die beiden Titel zu vergleichen, wird erstaunt sein, für welche Plagiats-Bagatelle sich der alte Rock'n'Roll-Fuchs Chuck Berry hier auszahlen ließ.

DIE KINOFILME DER BEATLES – WEGWEISER DES MUSIK- UND POPFILMS?

Musik im Musikfilm ist keine Filmmusik. Die Songs sind nicht da, um die Handlung zu verstärken oder zu kommentieren, sie sind schlicht die Hauptsache. Das ist der erste Knackpunkt des Genres Musikfilm, denn genau wie im Musical fangen die Hauptdarsteller plötzlich zu singen, zu tanzen an und unterbrechen den Fluss der Handlung. Der zweite Knackpunkt ist der, dass Musikstars nicht automatisch auch gute Schauspieler sind, eine Tatsache, die zumindest den Beatles selbst deutlich bewusst war. Selbstkritisch meinte John Lennon im Nachgang zum Kino-Erstling *A Hard Day`s Night* (1964): *»Die paar Minuten, die natürlich wirken, kann man an einer Hand abzählen.«*

Ausgestattet mit dieser grundsätzlichen Erkenntnis und dem daraus resultierenden Unernst alberten sich John, Paul, George und Ringo durch ihre weiteren vier Filme: An den Film-Locations zu *Help* (1965) tauchten sie fast durchweg unter Marihuana-Einfluss auf, die Szenen der experimentellen *Magical Mystery Tour* (1967) wurden weitgehend improvisiert, aus der Entstehung des Zeichentrickfilms *Yellow Submarine* (1968/69) klinkten sie sich aus und in der finalen Film-Doku *Let It Be* (1970) wurde vor laufender Kamera gestritten, geblödelt oder nur herumgesessen. Da die Innovationen der Gruppe in den Bereichen Songwriting, Studiotechnik und Musikproduktion wegweisend und exemplarisch für kommende Generationen waren, stellte sich mir und vielleicht auch dem Lesenden (aufgrund dieser wenig schmeichelhaften Aufzählung) die Frage, ob die fünf Filme in Retrospektive nur Marketing-Beiwerk oder doch zukunftsträchtig für das Genre Musikfilm waren.

Vor dem Vergleich der fünf Beatles-Filme kurz ein Wort zum Verhältnis der Beatles selbst zum Kino. Die vier Musiker hatten wie alle Jugendlichen aus der britischen Arbeiterschicht, die nach dem Zweiten Weltkrieg in prekären Verhältnissen aufwuchsen, ein enges Verhältnis zum Kino, es gab noch keinen Fernseher; nur wohlhabendere Familien konnten sich bereits 1953 anlässlich der Krönung Elizabeths II. einen teuren Bildempfänger leisten. Doch wie alle autobiographischen Quellen der Beatles, allen voran die *Anthology* zeigen, war keiner der vier Musiker ein eigentlicher Cineast; die Flucht aus dem grauen Alltag Liverpools erfolgte über die Medien Schallplatte und Radio sowie das eigene Musizieren. Einzig die Filme von Elvis Presley und die Rock'n'Roll-Revue *The Girl Can't Help It* (1956), erklärter Lieblingsfilm der Beatles, waren eine Schnittmenge zwischen Kino und der eigenen musikalischen Passion. Ohne die ambitionierten Marketing-Ideen, die Manager Brian Epstein und Produzent George Martin nach dem Überraschungserfolg der ersten beiden Singles und des Debut-Albums *Please, Please Me* schmiedeten, wären also die Beatles selbst kaum auf die Idee gekommen, Kino-Stars zu werden. Die Vorgabe war brutal: Vier oder fünf Singles, zwei Alben und ein Kinofilm sollten die sowieso schon hochmotivierten Musiker mit Beginn des Jahres 1964 jährlich abliefern.

Im ersten Jahr dieser Agenda lief das Räderwerk Beatles wie geschmiert. Die Beatles fanden neben ihrem Tournee- und Studiopensum sogar Zeit, den Drehbuchautor für ihr Kino-Debut auszuwählen: Da Regisseur Richard (Dick) Lester bereits mit der von den Beatles verehrten Komiker-Truppe Goons zusammengearbeitet hatte, war er die erste Wahl der Beatles. Autor Alun Owen stammte wie die Beatles aus Liverpool und machte sich für die Konzeption des Films die Mühe, sie ins Studio und zu Live-Auftritten zu begleiten. Als Autor und Zeuge der Beatlemania war er der ideale Mann, um den zur Jahreswende 1963/64 einsetzenden Fan-Wahnsinn einzufangen und in ein Film-Skript zu transformieren: Die Beatles hielten sich auch brav an Owens Skript und überzeugten, allen voran Ringo, im fertig geschnittenen Film durch ihren natürlichen und staubtrockenen Liverpooler Humor. Der im gerade »hippen« Schwarz-Weiß gedrehte Film trug dabei bewusst eine neue Handschrift: Regisseur Dick Lester probierte sich an den von Godard mit *Außer Atem* popularisierten nicht-linearen »Jump Cuts«, an waghalsigen Schwenks und am Schneiden der Bilder im Rhythmus der Musik. Exemplarisch für diesen frischen und damals neuartigen Stil war das Kaleidoskop der filmischen Möglichkeiten, mit der *Can't Buy Me Love* visualisiert wurde. Statt Text oder Musik des Titels inhaltlich aufzugreifen, wurde vor allem die Energie der Musik im schnellen Schnitten

umgesetzt: Egal ob waghalsige Kamerapositionen, Zeit-
lupen oder Luftaufnahmen – die umher tollenden und al-
bernden Beatles wurden von Lester (später deswegen
als »Vater von MTV« apostrophiert) mit einer bis dahin unbekannten visuellen Dynamik in Szene gesetzt. Im Sinne
der in den 1960er Jahre aufkommenden Pop Art lieferten
die Beatles und ihr Regisseur mit *A Hard Day´s Night* eine
Comic-Version der echten Beatlemania ab und befeuerten
den Fan-Wahnsinn rund um die Beatles auf selbstironische,
aber effektive Weise.

Bereits 1965, im zweiten Jahr der massiven Produktions-
agenda von Epstein und Martin, kompensierten die Beatles
ihren Stress mit dem gerade für sich entdeckten Marihuana.
Die Dreharbeiten in London, bei Stonehenge, auf den Ba-
hamas und in den österreichischen Alpen wurden von der
Gruppe eher als wohlverdienter Urlaub begriffen; die Texte
der Beatles, viele Gags und die Szenen vor Ort improvisiert
und das Handlungsgerüst den mit-schauspielernden Profis überlassen. Das altbackene Konzept der Elvis-Musik-
komödien (Popstar taucht an pittoresken Orten der Welt
auf und singt, umgeben von hübschen Mädchen) frischte
man mit Dick Lesters visuellen Ideen, Sinn für Slapstick und
trockenem Humor auf. Doch das Niveau der bekannten
Szene, in der die Beatles vier separate Hauseingänge einer
Arbeitersiedlung betreten, um sich in einem gemeinsamen,
utopischen »Living and Working Space« wiederzufinden,
konnte für den Rest des Films nicht gehalten werden; zu

albern wirkten im weiteren Verlauf die konventionelle Hit-and-Run-Handlung rund um Ringos blutroten Ring. Ein weiteres Element, das für Inhomogenität sorgte, war der Einsatz eines großen Filmorchesters für die filmmusikalischen Teile zwischen den Musikbeiträgen der Beatles.

Der sehr zum Ärger von Beatles-Produzent und –Arrangeur George Martin eingesetzte Ken Thorne zitierte im Verlauf des Films Wagners Lohengrin-Vorspiel, das James-Bond-Motiv, Tschaikowskys *1812-Ouvertüre*, Beethovens *Neunte* und (überflüssigerweise möchte man sagen) Rossinis *Ouvertüre zum Barbier von Sevilla*, zu der die Beatles in den »End Credits« auch noch mitsingen mussten. Angesichts des Überangebots an Klassik und Klamauk wirkten die über die Handlung verstreuten Beatles-Songs beinahe wie Ruhepunkte, in denen die Beatles musikalisch und visuell ganz sie selbst sein durften.

Im Jahr 1966, dem dritten Jahr der Arbeits-Agenda, stand auch die Entscheidung über den dritten Kino-Film an. Geplant war, dass die vier Liverpooler als schießfreudige Siedler im Wilden Westen auftauchen, doch nun verweigerten sich die Beatles dem mehr als konventionellen Drehbuch. Der schließlich ohne die Beatles im Jahr 1969 abgedrehte Western (*A Talent For Loving*) zeigte, dass die Beatles mit ihrer Entscheidung gegen den mittelmäßigen Stoff richtig gelegen hatten. Auch sonst übernahmen die Beatles sukzessive das Zepter: 1966 wurde nur noch eine statt zwei LPs produziert, die Live-Konzerte eingestellt und am Ende des Jahres individuelle Auszeiten genommen. Der Tod Brian Epsteins ließ zudem das schon mehrfach angesprochene Führungsproblem entstehen, welches Paul McCartney mit der Gründung der Musiker-eigenen Firma »Apple« zu lösen versuchte.

Erstes Projekt der Unternehmung sollte ein Film in Eigenregie werden. Außer einem von McCartney skizzierten Kreis, der mit einigen wenigen Ideen gefüllt wird, gab es kein Drehbuch. Die Beatles und einige Profi-Schauspieler stiegen in einen bunten Bus, viele Darsteller wurden spontan auf der Reise mit in den Bus gehievt, den Rest überließ man dem Zufall. Das Fehlen professionellen Film-Handwerks und die künstlerische Sorglosigkeit wurde dann auch am »Boxing Day«, dem zweiten Weihnachtsfeiertag 1967 bestraft, als die BBC den eigentlich bunten Film in schwarzweiß ausstrahlte. Die öffentliche Empörung der Briten war groß, Paul McCartney sah sich veranlasst, den Film in einer Talkshow zu verteidigen. Doch vergeblich: Die *Magical Mystery Tour* (1967) markierte den ersten Karriereknick im ansonsten märchenhaften Aufstieg der Gruppe, »normale Briten« wollten diesen exzentrischen und offensichtlich drogenbefeuerten Humor nicht mehr teilen. Verfehlte das »elaborate home movie« (O-Ton George Harrison) auch den Geschmack der BBC-Zuschauer, so hinterließ es doch bei einzelnen jüngeren Künstlern einen starken Eindruck und inspirierte sie zu Eigenem und Besserem. Denn 1967, so Regisseur Martin Scorcese in der Making-of-Doku zu

Magical Mystery Tour: »durfte man alles ausprobieren. Es spielte keine Rolle, ob es gelungen war oder nicht.« Besonders interessant wirkte der Beatles-Film auf den gerade aus den USA gekommenen Zeichner und MAD-Autor Terry Gilliam, welcher den krassen Kontrast zwischen der spießigen »britishness« und der gerade in London ausgebrochenen Hippie-Ära sehr inspirierend fand. Beides – die Satiren auf Militär, auf biedere und steife Briten wie das revolutionäre Verzichten auf Schlusspointen bei absurden Szenen – fand sich sowohl in der *Magical Mystery Tour* als auch später im Humor von Monty Python, die 1969 mit ihren ersten Fernsehfolgen starteten. Was die visuelle Umsetzung der Beatles-Songs betraf, wirkten die Beatles als Regisseure ihrer selbst bei *Blue Jay Way* und *Fool On The Hill* hilflos, bei *Your Mother Should Know* und *I Am The Walrus* jedoch inspirierend auf künftige Musikclip-Produktionen. Besonders *I Am The Walrus* konnte mit seinem absurden Ballett aus Eierköpfen und Polizisten überzeugen, die Beatles fanden zum ersten Mal den Mut, sich zu kostümieren und aus ihrer Rolle als Nur-Musiker herauszutreten. Dass dieser Mut weder vom BBC-Publikum noch von der Kritik belohnt wurde, führte dazu, dass die Beatles von nun an ganz die Finger vom Thema Musikfilm ließen.

Doch noch war die Gruppe laut Vertrag der Filmfirma einen weiteren Kinofilm schuldig. Die schnell entwickelte Notlösung: Die Beatles sollten lediglich als Comic-Figuren in einem gelben U-Boot durch eine psychedelische Landschaft namens Pepperland reisen und diese von bösen Mächten befreien. Das war für die Gruppe einerseits eine arbeitstechnische Entlastung, andererseits entwickelten die Beatles auch keine Begeisterung für das Projekt. Denn es gab bereits ab 1965 eine US-Cartoon-Serie mit den Beatles als Trickfigur-Protagonisten, die albern und deutlich unter dem sonstigen Niveau des Beatles-Outputs war. Die Gruppe machte sich sogar im Studio über den geplanten Musikfilm lustig: Immer wenn man einen Song begutachtete, der im Normalfall in den Mülleimer gewandert wäre, hieß es: »Nein, der ist noch OK für den Film!« Als die Beatles dann 1968 bei der Filmpremiere auftauchten, waren sie mehr als überrascht: Eine Heerschar junger und talentierter Zeichner hat knallbunte und formal äußerst abwechslungsreicheAnimationen erstellt, welche die Songs der Beatles noch stärker zum Leben brachten als die »Videoclips« in ihren bisherigen Filmen. Die Arbeit des Kreativteams unter Leitung des Designers Heinz Edelmann aus Düsseldorf schuf visuelle Kontrapunkte zur musikalischen Kreativität der Beatles und war in vielerlei Hinsicht wegweisend für künftige künstlerische Animation von Popsongs.

Den Weg des Dokumentarfilms ging Paul McCartney, als er den Kollegen Ende 1968 vorschlug, sich »in the process«, während ihrer Arbeit filmen zu lassen. Das vor allem als Motivationsschub für die Gruppe gedachte Projekt stellte jedoch alle Beteiligten vor nicht geklärte Fragen: Wird hier ein Live-Comeback der Beatles vorbereitet? Sind die musikalischen Ergebnisse ernst gemeint oder nur Probe? Entsteht hier eine neue Beatles-Platte? Die unproduktiven Sessions und das als künstlerischer Notnagel auf dem Dach der Beatles-eigenen Firma gefilmte »Rooftop Concert« beendeten die im Vergleich zu sonstigen Beatles-Projekten unrühmliche Episode, das Material verschwand für Monate in Archiv und Schneideraum. Der nach Auflösung der Gruppe hastig fertig geschnittene Film *Let It Be* (1970) erschien dann auch Fans und Kritik als melancholisches Ende und Bestandsaufnahme einer in Auflösung begriffenen Gemeinschaft. Der Neuschnitt und die aufwändige Restaurierung der umfangreichen Filmaufnahmen durch Herr-der-Ringe-Regisseur Peter Jackson (*Get Back*, 2021) schuf ein alternatives, wenn auch nicht gänzlich neues Bild der damaligen Studio-Situation. Das Meisterwerk der digitalen Restaurierung hellte Bild und Ton gleichermaßen auf und fügte etliche Minuten an heiterem Material hinzu, welches Michael Lindsay-Hogg, Regisseur des Originalfilms, im Archiv gelassen hatte. Egal, welche Fassung man präferiert, in beiden Versionen dieser Dokumentation sieht man, dass die Beatles das Risiko eingingen, sich normal, ungeschminkt und wahrhaftig bei der Arbeit filmen zu lassen und sind damit – gemeinsam mit den Rolling Stones, die sich 1968 von Jean-Luc Godard bei der Entstehung von *One Plus One/ Sympathy For The Devil* hatten filmen lassen – Pioniere des dokumentarischen Musikfilms.

FUN OR FACT? PAULS SILBERNER HAMMER IST SCHULD

Wenn man Mitte der 1970er Jahre die Beatles getrennt nach dem eigentlichen Grund für die Trennung der Gruppe interviewte, war der Tenor einhellig: Es war Paul und sein silberner Hammer.

George Harrison: »Wir hatten alles überstanden, die grässlichen Aufnahmen in den Twickenham Studios, das Gedudel von Billy Preston an seinem Keyboard, ja sogar die Foto-Session auf der Abbey Road, als uns ein wahnsinniger Autofahrer fast über den Haufen gefahren hätte. Aber dann kam Paul während der Sessions zu Abbey Road wieder mit seinem kleinen Amboss rein und wir dachten nur ›Oh Gott, nicht schon wieder‹!«

John Lennon: »Als wir in den Twickenham Studios gefilmt wurden, hatten wir beide, Paul und ich, keine neuen Songs für die anderen Jungs mitgebracht, die schauten erst mal dumm aus der Wäsche. Naja, und dann fingen wir an zu jammen, es war nicht doll, was wir da machten. Und da muss irgendein Handwerker diesen kleinen Amboss in den Filmstudios vergessen haben, das brachte dann leider Paul auf diese Schnapsidee.«

Paul McCartney: »Wir hatten musikalisch nichts mehr zu bieten, wir hatten offensichtlich auf dem *Weißen Album* all unser gutes Pulver verschossen und auch die lausigen Songs hatten wir bereits auf dem Soundtrack von *Yellow*

Submarine untergebracht. Ich war verzweifelt. Und dann stand da dieser Amboss, der war aber eher schwarz und ziemlich dreckig. Trotzdem dachte ich mir: Wie wäre es, wenn ich einen Song über einen hübschen Amboss mache? Ich erzählte den Jungs von meiner Idee, aber die waren sofort abgetörnt. Ringo, unsere wandelnde Musik-Enzyklopädie, wusste sofort, dass dieser Nazi-Komponist Richard Wagner das schon gebracht hatte in einer Oper mit vier Teilen. Die Handlung ist so ähnlich wie beim *Herrn der Ringe*, aber nicht so spannend und mit zu viel Opern-Gesang. Auf jeden Fall hört man da die Zwerge im Bergwerk auf ganz vielen Ambossen hämmern. Ich war fasziniert, denn ich liebte schon damals klassische Musik, also nicht mit diesem hysterischen Gesang, sondern eher cool, wie ich es auf *Yesterday* und *Eleanor Rigby* gemacht hatte.«

Ringo Starr: »Ja, es war meine Schuld. Ich hatte Paul von Richard Wagner und seinem teutonischen Gehämmere erzählt und dann entwickelte es sich bei ihm zum Running Gag. Er brachte am nächsten Tag einen kleinen silbernen Hammer mit ins Studio und war die ganze Zeit dran: Hammer gefällig? Wollt ihr Fish und Chips mit Hammer? Oh, ich glaube, ich habe einen Hammer auf dem Klo gefunden! Hört mal, Mick Jagger hat auf seiner neuen Single einen Hammer benutzt. Und so weiter.«

Mal Evans: »Die Jungs waren voll dagegen. Und Paul zog mich noch mit in die Konfrontation hinein, als er mich zum royalen Ober-Amboss-Spieler der Abbey Road Studios auswählte und mir irgend so einen Orden dafür anheftete. Ich fragte ihn, warum er den Amboss nicht selber spiele. Er müsse Klavier spielen und singen bei der Nummer und Ringo hätte sich geweigert. So war Paul, wenn er sich etwas in den Kopf gesetzt hatte, dann war er nicht mehr davon abzubringen.«

George Martin: »Die Beatles hatten mich ja wieder gebeten, ihr wahrscheinlich letztes Album so zu produzieren wie früher. Ich am Pult und wieder Boss von allem. Naja, Boss gemeinsam mit Paul. Und es waren Supertitel dabei, *Come Together* von John, George mit *Something* und *Here Comes The Sun*, sogar Ringos *Octopus' Garden* gefiel mir. Aber Paul war der festen Überzeugung, dass seine altbackene Nummer mit dem schwarzen Humor eine Top-Single abgeben würde. John maulte die ganze Zeit über *Silver Hammer*, ein Titel, der seiner Meinung nach nur zum Tanztee im Altersheim geeignet war.«

George: »Ringo und ich hatten die Band ja jeder schon einmal verlassen. Nun wäre es an John gewesen, Paul die Meinung zu sagen und das Studio empört zu verlassen. Aber er war während dieser Zeit voll auf Lebertran, ich glaube Yoko hatte ihm das eingeredet, er war voll abhängig. Zum Frühstück, vor dem Singen, nach dem Singen, vor dem Zu-Bett-Gehen, immer nur Lebertran. Seine Haut wurde ganz gelb und er zitterte, weil so viel Lebertran natürlich ungesund war. Nachher schrieb er den Song ›Kalter

Lebertran‹ über diese Phase, aber Paul mal in den Arsch zu treten, dafür reichte es nicht mehr.«

Paul: »Ich weiß, ich hätte den Song vielleicht für die Wings aufsparen sollen, mit meiner Frau Linda und Denny war es ja mehr so ein Arbeiten auf Augenhöhe. Die hätten den wahren Wert von *Maxwell's Silver Hammer* eher zu schätzen gewusst. Wir hätten einen Nr. 1-Hit mit den Wings gehabt, garantiert.«

Mal Evans: »So cool der Job bei den Beatles auch gewesen sein mag, ich habe mir etliche Male beim Einspielen des Titels auf die Finger gehauen und zwei Fingernägel mussten nachher operativ entfernt werden. Ich will Paul dafür nicht die Schuld geben, aber es wirft doch einen Schatten auf das letzte Album, ich habe mir *Abbey Road* seitdem nie wieder angehört.«

DER REST VOM SCHÜTZENFEST

Fans von Musikern wie Bob Dylan, Jimi Hendrix, Frank Zappa und Prince oder Gruppen wie Grateful Dead und King Crimson können sich fast sicher sein, dass sie bis zum Ende ihres Schallplatten- und CD-Sammler-Lebens nicht alle existierenden Aufnahmen ihrer Lieblinge gehört haben werden. Im Himmel (oder bei Zappa-Fans in der Hölle) werden sie weiter auf Suche nach unveröffentlichtem Material dieser Musiker mit Mega-Output sein.

Nehmen wir den Fall Hendrix: Schon kurz nach seinem Tod häuften sich die seriösen und unseriösen postumen Veröffentlichungen unter dem Namen des Gitarren-Genies, der ab seinem dritten und letzten Studioalbum *Electric Ladyland* (1968) schlicht die Kontrolle und die Übersicht über seinen kreativen Output verlor – Hendrix wurde einfach nicht mehr Herr seines gefühlt unendlich angehäuften Studio- und Session-Materials. Pech für Hendrix, der wie andere bekannte Rockstars nur sein siebenundzwanzigstes Lebensjahr erreichte, Glück für die legalen und nicht legalen Nachlassverwalter, die bis zum heutigen Tage unzählige »neue« Jimi-Hendrix-LPs und –CDs ausgraben, kompilieren, mischen und auf den Markt werfen konnten: Über 50 LPs und CDs durfte ich persönlich (Stand: Anfang 2024) bei Spotify und in meinem eigenen Plattenregal zählen, ein echter Hendrix-Fanatiker wird auf die doppelte Anzahl kommen; erstaunlich im Falle eines Künstlers, der während seines Lebens offiziell nur vier Alben herausbrachte.

Noch viel ausufernder wir es, wenn man eben Zappa- oder King Crimson-Fan ist, hier ist des Neu-Veröffentlichens und des Neu-Entdeckens niemals ein Ende. In Retrospektive erscheinen die offiziellen LPs dieser Rock- und Pop-Künstler heute nur als Durchgangsstadien in einem Kontinuum aus ständig sprudelnder Kreativität, vergleichbar mit den OEuvres von Picasso oder Miles Davis.

Ganz anders scheint mir der Fall bei den Beatles zu liegen, deren Ende 1974 im Disneyland-Park unterzeichnet wurde: Mit der Veröffentlichung der beiden Kompilationen *1962-66* (Rotes Album, Altes Testament) und *1967-1970* (Blaues Album, Neues Testament) besiegelte die EMI für alle Plattenkäufer sichtbar, dass die Ära der Gruppe abgeschlossen war und landete einen Verkaufserfolg, der die gesamten 1970er und 1980er Jahre anhielt. Natürlich freuten wir zu spät geborenen Beatles-Fans der 1970er Jahre uns, dass auf diesen vier LPs allein 16 Titel waren, die man vorher nur als Single kaufen konnte. Aber unbekanntes Material? Pustekuchen. Dann kam 1976 noch das Doppelalbum *Rock'n'Roll Music*, welches u.a. mit den nicht mehr erhältlichen Titeln der EP (Extended Play) *Long Tall Sally* lockte, sowie die LP *Rareties* (1979), auf der die auf regulären Beatles-Alben nicht berücksichtigten Single-B-Seiten auf ein Wiederhören warteten. Aber wirklich neues, noch unbekanntes Material konnte man nur auf Beatles-Bootlegs erwerben und das waren meist Outtakes vom Weißen Album wie *What's The New Mary Jane* oder der Session-Krempel vom Film *Let It Be* (1970).

Und so blieb es dann auch die ganzen 1980er und beginnenden 1990er Jahre hindurch – nichts wirklich Neues an der Beatles-Front für ganz ganz lange Zeit. Geburtstag, Ostern und Weihnachten schienen da für uns Mitte der 1990er Jahre zusammenzufallen, als nahezu zeitgleich die ersten *BBC Tapes* der Beatles und die *Anthology* (ein Coffeetable-Book-Monster, eine umfängliche Filmdoku in fünf Teilen und sechs CDs mit Studio-Resten!) auf den Markt kam und – Bomben-Nachricht – die »neue Beatles-Single« *Free As A Bird*. Doch letztere war nicht mehr als der clevere und offensichtlich gelungene Versuch, das *Anthology*-Projekt mit EMI-Archivmaterial effektiv zu bewerben. Der Song selbst, ein Lennon-Demo aus dem Jahre 1977, war von Produzenten-Schlitzohr Jeff Lynne aufgemotzt und um Parts der noch lebenden drei Beatles ergänzt worden und klang erwartungsgemäß eher nach Electric Light Orchestra als nach den Fab Four. Für mich damals ein schwacher Auftakt für den ansonsten erfreulichen Versuch der Rest-Beatles, ihre Geschichte aus eigener Perspektive zu erzählen.

Die Fachpresse bejubelte das Vorspiel zum medialen Wiederaufguss der Beatlemania nach Art einer spektakulären UFO-Landung oder neuer Beweise für Elvis' Weiterleben: »*Der Augenzeuge – Als erster Außenstehender durfte der Journalist Mark Heertsgard in den Abbey Road Studios die Originaltapes mit unveröffentlichten Beatles-Aufnahmen hören!«* (Musikexpress 5/95). Wer sich daraufhin Spekulationen über bisher unveröffentlichte Beatles-Juwelen, diesen »streng bewachten Schatz« (Musical Express) aus den EMI-Archiven hingab, den musste der zum Glück sachlich orientierte Heertsgard in seinem Beatles-Buch enttäuschen: *»Es gibt keine unbekannten Meisterwerke, die im Archiv der Abbey Road weggeschlossen wären.«* Dem erfahrenen Reporter ging es bei seiner journalistischen Aufarbeitung der zahllosen, bis heute erhaltenen Arbeitsbänder, um den künstlerischen Arbeitsprozess der Beatles, den er fast dreißig Jahre nach der Entstehung der Songs beim Abhören von circa fünfzig Stunden Bandmaterial noch einmal miterleben durfte: *»Während dieser Tage hatte ich ein Gefühl, als dürfte ich dabei sein, wie eine Zeichnung von Picasso entsteht, besonders an dem Nachmittag, als ich alle sieben Aufnahmen von A Day In The Life hörte.«* Die freundschaftliche Begegnung mit dem EMI-Archivar Mark Lewisohn, die für ihn arrangierte Öffnung der Archive sowie eine eingehende Beschäftigung mit der bisherigen Beatles-Literatur brachte ihn zu dem Schluss: *»Als Reporter, der gewohnt ist nachzuforschen, war ich schockiert, wie unzuverlässig die meisten Bücher über die Beatles in fachlicher Hinsicht sind.«*

Nicht nur bei diesem Statement konnte ich Heertsgard beipflichten; auch ich kam darüber hinaus nach eingehendem Studium der sechs Anthology-CDs zur Einsicht, dass die Beatles nie Zeit verschwendet hatten und Meister an Effektivität, an präzisem, punktgenauen Arbeiten waren. Natürlich konnte auch ich den zahllosen Live- und Alternativ-Takes, den missglückten, abgebrochenen und verworfenen Stücken eine lustvolle Seite abgewinnen. Doch je öfter ich die *Anthology* durchstreifte: Auch ich hätte als Produzent nichts von diesen Session-Resten zur Veröffentlichung freigegeben; die Beatles und ihr Produzent wussten während der Arbeit schnell, wann sie auf dem falschen Pfad waren und wann nicht. Sie konnten ohne Probleme die Richtung einer Nummer auf der Stelle drehen und dann zügig weiter in Richtung Master-Take preschen. Und sie waren trotz aller Ausgelassenheit und Spielfreude, die sich im mitgeschnittenen Studio-Geplauder mitteilt, extrem selbstkritisch und hatten – gemeinsam mit George Martin – alles unter Kontrolle; Resultat einer intensiven und künstlerisch glücklichen und pophistorisch einzigartigen Fünfer-Beziehung, die deutlich mehr war als die berühmte Summe der Einzelteile.

Zurück zum Anfang dieser Betrachtungen zum Sammeln von hörenswerten und nicht hörenswerten Resten: Die Beatles schufen keine ausufernden musikalischen Universen wie Zappa oder Prince, sondern brachten ihre Songs phantasievoll wie perfektionistisch auf den Punkt – Blaupause für spätere Künstler wie Joni Mitchell, Stevie Wonder, Steely Dan oder Sting, die auch mit ihren sorgsam gefertigten LPs Kunst- und Kult-Status erreichten. Mit dem Kauf aller offiziellen und regulären Beatles-Aufnahmen von früher ist man also nach meiner Meinung bestens bedient und braucht eigentlich keine »neuen« Produkte wie die Single *Now and Then* (2023) oder das zuletzt erschienene, für mich persönlich gruselig klingende Album *Beatles At Stowe School* (2024).

DAS VIERZEHNTE ALBUM (MIX TAPE)

Wer sich länger mit einem Thema ganz intensiv beschäftigt, wird seltsam, zumindest für die Außenwelt. Wir Fans und Nerds begreifen nicht, wie lächerlich auf Außenstehenden Gesprächsthemen wirken müssen, die uns hingegen essentiell und interessant erscheinen, wie zum Beispiel die Erörterung von Zahlensymbolik bei den Beatles.

Die Beatles mögen es selbst gar nicht gewusst haben, aber die entscheidende Zahl für die Gruppe ist die 14. John Lennons Zahl war die 9, er wurde an einem Neunten geboren und schrieb später *Revolution 9* und *Number Nine Dream*. Doch wie komme ich auf die 14 bei den Beatles? Es ist ganz schlicht die streng eingehaltene Anzahl der Titel auf jedem Beatles-Album bis *Revolver*, immer sieben auf einer LP-Seite. Rechnet man jedoch den Hidden Track auf der Leer-Rille von *Sgt. Pepper* mit hinzu, hat dieses (Glück gehabt!) Dreizehn-Song-Album dann doch vierzehn Tracks. Ab *Magical Mystery Tour* ist dann die Zahlenordnung vollends gestört, die Track-Zahlen ab diesem Album lauten 11, 30, 13, 17 und nochmal die unglückselige 13 auf *Let It Be*. Wer dieses Büchlein bis hierhin aufmerksam gelesen hat, weiß, dass das Ausbleiben der 14 ab *Magical Mystery Tour* (und eigentlich schon ab *Sgt. Pepper*) den Verlauf der Bandgeschichte perfekt indiziert. Steht doch die 14 für Harmonie, Gleichgewicht, Gerechtigkeit, Unabhängigkeit und Einheit, ebenso aber für Disziplin, Zuverlässigkeit,

Geduld, Selbstbeherrschung und die Fähigkeit, neue Dinge zu entwickeln.

Natürlich höre ich schon seit Minuten die klassischen Musiker schreien: Mensch, Janosa – 14 ist doch die Bach-Zahl! Und Recht habt ihr. Die Buchstaben von B-A-C-H ergeben numerisch-alphabetisch ausgedrückt: 2 (B) + 1 (A) + 3 (C) + 8 (H), also zusammen 14. Dass Bachs Obsession mit seinem Namen kein Zufall ist, zeigt die häufige und überdeutliche Verwendung des B-A-C-H-Motivs in seinen Werken. Betrachten wir außerdem Bachs bekanntestes Bildnis aus dem Jahre 1746 von Elias Gottlob Haussmann, kommen wir beim Zählen sämtlicher Knöpfe auf Weste und Rock zusammen auch auf die 14. Der Zahl 14 ist bei intensiverer Beschäftigung bei Bach kein Ende. Mich würde im übrigen auch nicht wundern, wenn die 14 bei Herrn Beethoven eine große Rolle spielte. Neun Sinfonien hat er geschrieben, das ist schon einmal die John-Lennon-Zahl. Und ausgerechnet der erste Satz seiner Klaviersonate Nr. 14 (Mondscheinsonate) ist eben jenes berühmte Klavierstück, dass John und Yoko rückwärts spielten und dabei die Harmonien von *Because* (*Abbey Road*, 1969) entwickelten.

Nun aber endlich zu meinem Mixtape. Der erhaltene Mitschnitt eines Tonband-Memos für den abwesenden Ringo Starr vom 8. September 1969 beweist, dass John, Paul und George da angeregt über ein weiteres Beatles-Album nach *Abbey Road* diskutierten. Dies wäre das sagenumwobene vierzehnte Album gewesen. John forderte eine gleichmäßige Verteilung der Songschreiber-Credits: Je vier Songs der anwesenden John, Paul und George, dazu zwei Songs für Ringo, wenn er denn Lust habe, also vierzehn Songs wie früher. Die bekannten Argumente flogen hin und her, Paul wiederholte seine Vorbehalte gegen die Songs von Harrison, John wiederum waren die seichten und seiner Meinung nach albernen McCartney-Songs à la *Maxwell's Silver Hammer* (1969) ein Dorn im Auge und so weiter und sofort. Dass sich dieses Album leider nie materialisierte, hinterließ natürlich Raum für Gedankenspiele. Ich glaube, das Selber-Kombinieren einer möglichen vierzehnten LP haben schon etliche Beatles-Fans im Verlaufe der Jahre probiert, hier ist meine persönliche Lösung:

Instant Karma (Lennon) A-Dur, e-Moll	3:22	Mother (Lennon) C-Dur	5:36
What Is Life? (Harrison) E-Dur	4:24	Bye Bye Blackbird (Starr) E-Dur	2:12
Every Night (McCartney) E-Dur	2:33	Hold On (Lennon) E-Dur	1:52
Maybe I'm Amazed (McCartney) C-Dur	3:49	Junk (McCartney) fis-Moll	1:55
Working Class Hero (Lennon) a-Moll	3:47	Another Day (McCartney) G-Dur	3:42

Loser's Lounge (Starr) F-Dur	2:24	All Things Must Pass (Harrison)	2:57
If Not For You (Harrison) G-Dur	3:30	My Sweet Lord (Harrison) E-Dur	4:41

Ich habe mich fast ausschließlich auf Titel konzentriert, die 1970 von den Beatles erschienen und teilweise (z.B. *All Things Must Pass, Another Day, Junk*) schon während der gemeinsamen Zeit zur Diskussion für das Band-Repertoire standen. Kontroverse Titel, welche die anderen Beatles auf keinen Fall goutiert hätten (Johns *God* und *Cold Turkey*) habe ich nicht berücksichtigt. Im Falle Ringo Starrs habe ich je einen Titel seiner Coversongs auf den beiden Alben von 1970[23] genommen. Wie man u.a. an der Tonarten-Reihenfolge erkennen kann, habe ich mich um gediegene Übergänge und interessante Stimmungswechsel bemüht. Der Monolith von *Mother* kann nirgendwo anders stehen als am Anfang der B-Seite, die hier aufgestaute Energie wird in den drei folgenden, entspannteren und deutlich kürzeren Titeln abgebaut. Zwei musikalisch anspruchsvolle Titel von Paul und George bilden dann die Rampe zum großartigen Mitsing-Finale von *My Sweet Lord*. Wer möchte, kann sich dieses Mixtape gerne auf Spotify zusammen bauen oder selbst eine Alternative mischen, ich freue mich über Feedback!

---

[23] Sentimental Journey, Beaucoups of Blues

FAB FOUR FAKES

Im längst angebrochenen Zeitalter der Unvernunft, im unentwirrbaren Internet-Wust der Verschwörer, Wirr- und Wutbürger nehmen sich die drei großen und weithin bekannten Fakes der Beatles-Historie wie leicht durchschaubare Schülerscherze aus. Die erste Falschmeldung hatten die Beatles vermutlich selbst provoziert, bot doch das ikonische Zebrastreifen-Cover von *Abbey Road* (1969) ohne Nennung des Bandnamens (!) oder anderer Beschriftung jede Menge Stoff zur Spekulation. Und wirklich geht die Initialzündung zur Theorie, Paul McCartney sei bereits 1966 bei einem Autounfall ums Leben gekommen, auf einen Studentenscherz in der Campuszeitung der Universität von Michigan aus dem Jahr 1969 zurück. Die kaum zu fassenden Folgen dieser Falschmeldung aus einer nicht vertrauenswürdigen journalistischen Quelle waren die umfassende, weltweite Suche von Fans und Nicht-Fans nach »Clues« für Pauls Ableben, welches von den Rest-Beatles und dem Management seit 1966 vertuscht worden sei. Sogar ein deutscher Spielfilm (*Paul Is Dead*, 2000) griff die Theorie als Ausgangspunkt seiner Handlung auf. Wer sich den ganzen Quatsch und die unglaubliche Menge an »Beweisen« in Songtexten und auf den Covern der Beatles geben möchte, dem sei der Wikipedia-Eintrag »Paul is dead« empfohlen.

Für einen Musiker deutlich interessanter ist die Behauptung

des amerikanischen Weltklasse-Schlagzeugers Bernard Purdie, er hätte auf 21 Beatles-Tracks die Trommeln bedient und nicht Ringo Starr. In einem dummerweise gefilmten und im Netz zugänglichen Interview verstieg sich Purdie sogar zu der Behauptung, es gäbe vier Schlagzeuger, die man auf Beatles-Platten hören könne, aber nicht einer davon sei Ringo. Das Ganze wirkt um so absurder, schaut man sich die beeindruckende Live- und Studio-Diskographie Bernard Purdies an, die seine wirkliche Zusammenarbeit mit der Crème de la Crème des amerikanischen Musik-Business beweist: Aretha Franklin, Stevie Wonder, Miles Davis, Steely Dan und Dutzende von Top-Künstlern mehr. Vermutlich war es der bei virtuosen Studio-oder Jazz-Musikern häufige und tief sitzende Ich-werde-nicht-genügend-gewürdigt-Komplex, der bei Purdie vom Erfolg Ringo Starrs getriggert wurde: Da ist dieser weiße Drummer aus England mit der dicken Nase und beschränkter Drum-Technik, aber alle Mädchen auf der Welt lieben ihn. Schon in seiner nach den frechen Behauptungen erschienenen Biographie versucht Purdie, zurückzurudern: Welchen Musiker auf einer britischen Aufnahme er da 1963 oder 1964 für den US-Markt overdubbt hätte, das wisse er natürlich nicht mehr. Und an Songtitel könne er sich natürlich auch nicht erinnern – keine Rede mehr von 21 Beatles-Titeln oder Ringo habe nicht auf Beatles-Platten gespielt.

Was an beweisbaren Tatsachen bleibt, ist allein dies: Die Tony Sheridan-Session, die von Bert Kaempfert 1961 in der Ernst-Merck-Halle zu Hamburg produziert worden war, wurde für den US-Markt von ATCO Records lizensiert und klanglich etwas »aufgepimpt«. Vergleicht man z.B. das von Kaempfert produzierte Original von *Take Out Some Insurance On Me, Baby* mit der amerikanischen ATCO-Veröffentlichung, sind deutlich laute Drum-Overdubs zu hören. Der Drummer, der im Auftrag der Plattenfirma Atlantic (und Purdie war als späterer Musical Director von Aretha Franklin früh mit der Firma liiert) hier vielleicht vier Titel der frühen Beatles mit zusätzlichen Overdubs versehen hat, hätte Bernard Purdie sein können. Und natürlich hatte er niemanden hier ersetzt, sondern lediglich zu den Drums von Pete Best etwas hinzugefügt.

Schnell zur letzten und für empfindame Beatles-Gemüter doch etwas bestürzenden Theorie, John Lennon habe 1962 seine Seele dem Teufel verkauft, um gemeinsam mit den Beatles Welterfolg zu haben. Die Teufelsnummer geistert ja seit Niccolò Paganini durch die Musikgeschichte und wird in der populären Abteilung vor allem Teufels-Gitarristen wie dem legendären Blues-Musiker Robert Johnson oder Led-Zeppelin-Gitarrist Jimmy Page zugeschrieben.

Eine lächerlich kleine Geschichte gab den Ausschlag: Tony Sheridan gab der Zeitschrift »Pop« im Jahre 1976 ein Interview und behauptete, bereits 1962 habe ihm John Lennon auf einer spiritistischen Sitzung gesagt: *»Ich weiß, dass die Beatles Erfolg haben werden wie noch keine andere Gruppe. Ich weiß es genau – denn für diesen Erfolg habe ich* *dem Teufel meine Seele verkauft.«*[24] In der seriösen Beatles-Literatur wird die Teilnahme Lennons an einer spiritistischen Sitzung im Jahr 1962 nicht erwähnt und außerdem wurde hier wieder einmal eine von zahlreichen humoristischen Äußerungen Lennons wörtlich genommen. Doch zusammen mit dem »Beatles-größer-als-Jesus«-Skandal von 1966 und Lennons Ermordung durch den verwirrten Attentäter Mark David Chapman, dem Satan angeblich diesen Mord befohlen habe, ergab das natürlich in vielen wirren Köpfen ein Bild. Wer glauben will, – und dieser schreckliche Blödsinn taucht auch auf obskur-christlichen Websites auf – der soll glauben: Die Beatles waren dank Satan erfolgreich, Charles Manson ließ morden, weil er auf dem *Weißen Album* den Befehl dafür von den Beatles bekommen hatte, und 1980 musste John den Preis dafür zahlen, der Gehörnte hat ihn geholt.

Dass dann auch noch der Autor Martin Häusler in seinem Roman *Gezählte Tage* die Sache von John und seinem vermeintlichen Teufelspakt 2023 zu einem Roman aufplusterte, mag für manche LeserInnen interessant gewesen sein, der echte Beatles-Fan, die echte Fanin winkt dankend ab.

---

[24] Pop (Zeitschrift), Nr. 23/1976

WIDDER GEGEN SCHWEIN

Als Paul McCartney den Widder auf dem Cover seiner LP *Ram* (1971) bei den Hörnern packte, kämpfte er nicht nur mit dem widerspenstigen Tier auf seiner schottischen Farm, sondern auch mit der Bewältigung seines großen Traumas, der Auflösung der Beatles. Die Trennung hatte er seit 1968 um jeden Preis verhindern wollen, bedeutete ihm die Gruppe in der späten Phase offensichtlich viel mehr als John, der sich ja bereits mit seinen experimentellen John & Yoko-Alben sowie der Gründung der Plastic Ono Band abgenabelt hatte. Und, was die Sache noch verschlimmerte: Gerade Paul, der doch so an dem Gruppending hing, beendete als erster in der Öffentlichkeit seine Mitgliedschaft; dass die anderen drei ihn mit der Hinzuziehung von Phil Spector für das Finishing von *Let It Be* (1970) hintergangen hatten und dann noch die EMI wegen eben dieser Platte die Erscheinung seines Solo-Debüts verschob, brachte das Fass zum Überlaufen.

Ram war deutlich besser produziert und musikalisch origineller als das Debut *McCartney* (1970), doch versteckte Vorwürfe an die anderen Beatles konnte Paul nicht unterdrücken: Auf *Too Many People* klagt er Lennon an, die Gruppe entzweit zu haben (»You broke it in two«), den etwas unglücklichen Text von *Three Legs* mit der Metapher vom dreibeinigen Hund bezogen John, George und Ringo auf sich selbst. Und was McCartney auf der Rückseite der

LP mit dem Foto von zwei kopulierenden Käfern (»Beetles«) sagen wollte, kann sich der Leser gerne selber denken.

Und so war denn auch der passable Eindruck von *Ram* wie weggewischt, als John im Herbst des gleichen Jahres mit der LP *Imagine* (1971), dem unbestrittenen Meisterwerk seiner Solo-Karriere, konterte. Im entspannten Ambiente seines Anwesens *Tittenhurst Park* in Ascot spielte er mit George Harrison, Klaus Voormann und hochkalibrigen Session-Profis in wenigen Tagen Songs ein, die zu Klassikern werden sollten: *Imagine*, *Jealous Guy* oder *Gimme Some Truth*. Zu *Imagine*, das zur Hymne internationaler Friedensbewegungen wurde, meinte Lennon lapidar, es sei lediglich das Kommunistische Manifest, auf Songlänge reduziert. Zwei Seitenhiebe gegen Ex-Partner Paul hielt John auf *Imagine* auch parat: Auf dem Song *How Do You Sleep* warf er Paul vor, sich mit Ja-Sagern zu umgeben, die seine mittlerweile flachen Songs niemals kritisieren würden. Außerdem konnte John es sich nicht verkneifen, dem Album eine Postkarte beizufügen, auf der er – als Antwort auf Pauls *Ram*-Cover – mit einem Schwein zu sehen ist, das er an den Ohren hält.

Ram und *Imagine* markieren den Höhepunkt der Verstimmungen zwischen Paul und John. Den heimlichen Wettbewerb um die Meinungsführerschaft in der Beatles-Nachfolge hatte John zunächst gewonnen, dann aber ging der Streit mit der Suche nach jeweils geeigneten Begleit-Bands für John und Paul in die zweite Runde. John wollte sich mit der Wahl der New Yorker Gruppe *Elephants Memory* der politisch aktiven Szene New Yorks nähern. Die musikalisch und politisch ambitionierte Band durfte ein eigenes Album auf *Apple Records* veröffentlichen und wurde zudem als Begleitband für Johns politisch motiviertes Doppel-Album *Sometime in New York City* verpflichtet. Johns Wandlung vom friedensbewegten Hippie zum kantigen Polit-Aktivisten manifestierte sich in einem ruppigen und undifferenzierten Haudrauf-Sound, thematisch ging es vor allem um Feminismus (*Woman Is The Nigger Of The World, Sisters O Sisters*) und Bürgerrechts-Bewegung (*Attica State, Angela Davis*). Aber der Wille zum Guten ist im Pop oft mit schlechten Platten gepflastert: Beim besten Willen und großer Lennon-Liebe kann ich heute dem Doppelalbum nichts mehr abgewinnen – es ist altbackener Rock'n'Roll mit politischem Manifest, sonst nichts. Da Lennon wohl auch einen Mangel an Qualität auf den aktuellen Studio-Tracks mit Elephants Memory gespürt haben musste, packte er noch eine zweite LP mit hinzu – und machte damit alles noch schlimmer. Denn die eine Live-Seite, 1969 mit der Plastic Ono Band aufgenommen, ist Audio-Müll, den kein Produzent bei klarem Verstand je veröffentlicht hätte. Die andere Seite war ein Mitschnitt einer Session mit Zappas Mothers Of Invention. Yoko schreit und heult, dass es einem die Schuhe auszieht und – vollkommen unverständlich bei einem zigfachen Pop-Millionär – Lennon war so frech, die ebenfalls auf der Bühne performenden Lead-Sänger Howard Kaylan und Marc Volman von der Aufnahme zu eliminieren und außerdem Frank Zappas Titel

King Kong für sich als eigene Komposition (*Jamrag*) zu deklarieren.

1972 ist also das Jahr, in dem sich die Karriere-Wege von John (nach unten) und Paul (nach oben) kreuzten: Während die schlechten Kritiken für *Some Time In New York City* John anfraßen, hatte Paul auf dem schottischen Land genug Kraft gesammelt, um systematisch eine Band nach seinen eigenen musikalischen Vorstellungen zu formen. Statt wie John eine fertige Profi-Gruppe anzuheuern, bildete er gemeinsam mit Frau Linda (Gesang und Keyboard) und Denny Laine von Moody Blues (Gitarre) den festen Kern seiner künftigen Gruppe *Wings*. Auch wenn die Saat erst 1973 beim dritten Album *Band On The Run* aufging, zahlte sich Pauls Gespür für musikalische Trends und seine Erfahrung als operativer Bandleader der Beatles aus: Mit den Wings vermochte er für die 1970er Jahre aus dem Beatles-Schatten zu treten und neue künstlerische Impulse zu setzen.

Und John? Tja, ich zitiere die Kritik zum Album *Mind Games* aus meiner damaligen Lieblingszeitschrift »Sounds«: *»Seine neue LP MIND GAMES ist zu nichts zu gebrauchen [...] Liebeslieder, zu denen ich nichts sagen kann und Weltverbesserungslieder, zu denen ich lieber nichts sagen will.«*[25] Während der Aufnahmen zu diesem Album schlug Yoko John vor, sich für eine Zeitlang voneinander zu trennen. Johns »verlorenes Wochenende« begann.

---

[25] Sounds, Platten 66-77, 1827 Kritiken, S.668

NILSSON SCHMILSSON

Bevor wir die unrühmlichen Ereignisse streifen, die ich am Ende des letzten Abschnitts angedeutet habe, nun aber Auftritt Nilsson, mit vollem Namen Harry Edward Nilsson III., einer der talentiertesten amerikanischen Songschreiber und Sänger der 1960er und frühen 1970er Jahre. Vor allem der Beatles-Gemeinde ist er heutzutage in bester Erinnerung als Interpret einer Version des Beatles-Songs *You Can't Do That* (*Pandemonium Shadow Show, 1967*), in der er 22 weitere Beatles-Songfragmente integrierte. In nicht so guter Erinnerung bleibt er vor allem als Johns Zechkumpan in jenen achtzehn Monaten, die John Lennon im Rückblick sein »verlorenes Wochenende« nannte.

Obwohl Nilsson – angesichts seines ungesunden Lebenswandels muss man sagen »erst« – 1994 im Alter von 52 Jahren starb, dauerte seine Zeit als kreativer Künstler nur knapp zehn Jahre. Ähnlich wie andere exzentrische Songwriter dieser Ära (Randy Newman oder Graham Gouldman) begann er als Auftragsschreiber und erhielt fünf Dollar für jedes Demo, das er am Klavier einsang. Kontakte zu Little Richard und Phil Spector ermöglichten ihm 1966 die Aufnahme seiner Debüt-LP, doch seinen sicheren Job als Computerexperte bei einer Bank mochte er lange Zeit noch nicht aufgeben. Erst als John Lennon 1968 in einem Interview nach seiner Lieblingsband gefragt wurde und die Frage mit »Nilsson« antwortete, hatte der in relativer Armut

aufgewachsene Songwriter den Mut, alles auf die Musik-
karte zu setzen. Die Beatles luden Nilsson nach London
zum Kennenlernen ein und der erste Hit *Everybody's Talking* (1969) ließ auch nicht länger auf sich warten.

Die acht Alben, die er von 1966 bis 1973 vorlegte,
waren Dokumente eines Künstlers, der egozentrisch, über-
qualifiziert und öffentlichkeitsscheu war, wie ein junger Gott
in allen Stimmlagen, Stilen und Sounds singen konnte und
nicht wusste, wohin mit seiner Energie und seinen Ideen.
Seine erstaunliche Wandlungsfähigkeit und der konstante
Wechsel von Schnulzen zu verrückten Nummern mussten
normale Pophörer verwirren; ein klar umrissener Personalstil
wie ihn z.B. Randy Newman pflegte und dessen Lieder er
1970 auf *Nilsson sings Newman* kongenial interpretierte,
war bei Nilsson niemals zu erkennen. Bezeichnenderweise
waren die Nummern, mit denen er in den Charts reüssieren
konnte, Coverversionen wie das bekannte *Without You*
(1971), welches die Gruppe Badfinger zuerst geschrieben
und für Apple aufgenommen hatte.

Der Niedergang von Nilssons Talent und die selbst-
verschuldete Ruinierung seiner Drei-Oktaven-Stimme fällt
auffälligerweise mit dem Zeitabschnitt zusammen, die er
als Freund von John und seiner Geliebten May Pang[26] in
Los Angeles verbrachte. Und hier wird die Beurteilung von

---

[26] May Pang war die Sekretärin von Allen Klein, dem damaligen
Apple-Chef, und wurde John von Yoko Ono selbst als Geliebte
zugewiesen, unter heutigem #metoo-Blickwinkel ein ziemlich

außen schwierig, existieren doch zwei sehr unterschiedliche Deutungen dieses Lebensabschnitts von Lennon. Die
eine sieht John in diesem Zeitraum als alkoholisierten und
zugedröhnten »Hollywood Vampire« gemeinsam mit Nilsson, Alice Cooper und Keith Moon durch die Bars ziehen.
Die andere, deutlich mildere Fassung interpretiert Lennons
Zeit mit May Pang als Befreiung von einer obsessiv mani-
pulativen Yoko Ono und große Liebesgeschichte.[27] Natürlich kann man May Pangs Argumenten folgen (und jeder
Beatles-Fan weiß um Yokos bossigen Charakter), aber vieles bleibt in Retrospektive doch mehr als seltsam: Wie sich
der betrunkene John Lennon und der mit einer Pistole herum
fuchtelnde Phil Spector Ende 1973 während der Aufnahmen
zum Album *Rock'n'Roll* so schlecht benahmen, dass sie des
Record Plant West Studios verwiesen wurden. Wie Phil
Spector mit den unfertigen Aufnahmen verschwand, nach
einem Autounfall ins Koma fiel, und darauf der frustrierte
und temporär arbeitslose Lennon gemeinsam mit Nilsson im
berühmten Troubador Club randalierte und rausgeschmissen
wurde. Wie John im August des Jahres 1974 allen Ernstes
glaubte, ein UFO gesen zu haben und dieses auch auf dem
Cover von *Walls And Bridges* (1975) vermerkte.

Nur mit den Ohren der Liebe zu ertragen ist in diesem

---

bizarrer und drastischer Fall von sexueller Ausbeutung am
Arbeitsplatz.

[27] So geschehen im Film *The Lost Weekend – A Love Story* (USA
2022, R: Eve Brandstein, Richard Kaufman, Stuart Samuels)

Zusammenhang der Mitschnitt einer Jam Session vom 28. März 1974 aus einem Strandhaus in Santa Monica, die während der Aufnahmen zu Nilssons Album *Pussy Cats* (1974) stattfand. Nilsson schrie sich die Seele aus dem Leib, John schwadronierte und improvisierte absurde Texte, die anderen (Paul McCartney am Schlagzeug und Stevie Wonder am Piano) dudelten mehr oder weniger kompetent dazu; die Anwesenheit von May Pang, Linda McCartney, Mal Evans und einem großen Beutel Kokain ist verbürgt. Mit *Pussy Cats* neigte sich Nilssons kreative Ära ihrem Ende zu; als John Lennon 1980 ermordet wurde, stürzte das Nilsson in weitere Depressionen. Er betrachtete sich nur noch als »Songschreiber im Ruhestand«, hatte bald seine als Hitlieferant verdienten Millionen aufgebraucht, erkrankte an Diabetes und erlitt 1993 einen Herzinfarkt. Kurz vor seinem Tod startete er noch einen vergeblichen Versuch, einen neuen Schallplatten-Deal mit Warner Brothers auszuhandeln und trat – sein letzter Auftritt in der Öffentlichkeit – noch einmal mit Ringo Starr bei einem »All Starr Band«-Konzert in Las Vegas auf.

Dreißig Jahre nach Nilssons Tod gilt es, sich die legendären Platten dieses exzentrischen Künstlers endlich genauer anzuhören und – wenn Mariah Carey *Without You* irgendwo im Autoradio oder Einkaufscenter singt – daran zu erinnern, dass es da ein saufendes Genie gab, das diesen Titel 1971 mit deutlich mehr Herz und Einfühlungsvermögen interpretierte.

PAULS NEUE SINFONIE

Es gibt – und da bitte ich alle Beatles-Fans um Verzeihung – einen Songtext auf meiner CD *In der Hitfabrik* (2012), den ein echter Beatles-Fan als gehässig oder böse auslegen könnte:

Sir Pauls neue Sinfonie

Die königlichen Corgis bleiben heute angeleint
Die Bombenleger lassen sich Zeit bis zur Premiere
Die U-Bahn-Wagen stehen ganz still und wie versteint
Und kein Autohupen stört die künstlerische Sphäre

Denn Sir Paul, der schreibt schon wieder eine neue Sinfonie
Noch schöner als die letzte und mit noch mehr Melodie
Viel stärker als Sgt.Pepper, zehnmal länger als Hey Jude
Obwohl er keine Noten kann, das macht er richtig gut!

Der Friseur zeigt keine Fotos und frisiert schon wieder nicht
Der Feuerwehrmann putzt heut nicht seinen schmucken Wagen
Keine Kinder schneiden hinter Bankern ein Gesicht
Nirgendwo sind Kinderfrauen, die rote Blumen tragen

Denn Sir Paul, der schreibt schon wieder eine neue Sinfonie
Noch schöner als die letzte und mit noch mehr Melodie

Viel stärker als Sgt. Pepper, zehnmal länger als Hey Jude

Obwohl er keine Noten kann, das macht er richtig gut!

Äußerer Anlass zum Schreiben des Songs war für mich eine kurze Zeitungsnotiz:[28] »*U-Bahn-Bau in London stört McCartney beim Arbeiten – Der ehemalige Beatle Paul McCartney sorgt sich wegen der Pläne für eine neue unter-irdische Bahnlinie um sein Studio im Londoner Stadtteil Soho. Der 64-Jährige ärgert sich nach einem Bericht der Zeitung ›The Sun‹ über das Vorhaben, unter dem Soho Square eine Strecke verlaufen zu lassen. Die Arbeit im Studio werde dadurch unmöglich. Zugleich verlange McCartney eine Ent-schädigung, falls das Projekt umgesetzt werde.*«

Beim Schreiben des Songs war ich jedoch weit davon entfernt als kleiner Straßenköter Sir Paul ans Bein pinkeln zu wollen. Ich hatte schlicht die Vision, dass die Londoner Verwaltung vielleicht auf diese Beschwerde reagiert und während der Komponier-Stunden von McCartney mal für Ruhe in der Stadt gesorgt hätte. Der Song spielt ironisch (und mit ganz viel musikalischer Paul McCartney-Hommage wie dem C6-Anfangsakkord aus *Fool On The Hill*) mit dem selbst auferlegten Leidensdruck, den Paul McCartney seit *Eleanor Rigby* mit sich rumschleppte, nämlich nicht nur der berühmteste und vielleicht auch beste Songwriter des Pop zu sein, sondern auch ein anerkannter Komponist im

---

[28]   Meldung der Berliner Morgenpost vom 12.09.2006

Orchesterbereich. Was bei seinem ersten klassischen Projekt *Liverpool Oratorio* (1991) vielen Hardcore-Klassikern vielleicht noch belächelnswert und handwerklich rumpelig erschien, stellt sich für mich nach insgesamt fünf klassischen McCartney-CDs ziemlich respektabel dar. Also liebe LeserInnen und Ich-mach-um-Klassik-doch-lieber-einen-Bogen-Beatles-Fans: Give Classic Paul a try!

Alles begann mit *Yesterday* (1965), dem Song, den er am 14. Juni 1965 allein aufgenommen hatte und den George Martin drei Tage später mit einem schlichten wie ergreifenden Streichquartett-Satz ergänzte. Das bald darauf folgende *Eleanor Rigby* (1966) betrachtete McCartney als seinen künstlerischen Durchbruch: weg vom Popmusiker hin zum seriösen Komponisten, der Song inspirierte unzählige weitere Musiker und Gruppen, »klassische« Instrumentation und Form in Pop-Musik zu integrieren. Der ergreifende Text und die formal geschlossene Musik ließ den bekannten amerikanischen Songschreiber Jerry Leiber sogar urteilen, dass niemals ein besserer Song als *Eleanor Rigby* geschrieben worden sei. Doch danach passierte bei McCartney erstmal nicht viel in Richtung Klassik: Der Auftrag für die Filmmusik zu *Family Way* (1967) wurde klammheimlich von George Martin erledigt, McCartney lieferte lediglich zwei Themen; die Umarbeitung des Albums Ram (1971) zu einem Instrumental-Album unter dem Pseudonym *Thrillington* (1971, erschienen 1977) war eher jazzlastig und durch die Bank »very easy listening«.

Erst in den 1990ern brachte ein Auftrag des Royal Liverpool Philharmonic Orchestras zum 150jährigen Bestehen den klassischen Stein ins Rollen. Bereits Ende der 1980er Jahre hatte sich das Ehepaar McCartney mit Nellie und Carl Davis befreundet, letzterer ein renommierter Film- und TV-Komponist aus New York, der Großbritannien zu seiner Wahlheimat gemacht hatte und schon mit dem Liverpooler Orchester zusammengearbeitet hatte. Als McCartney den Auftrag seiner Heimatstadt erhielt, ergab sich die Zusammenarbeit der beiden auf natürliche Weise; Paul erhielt während des Projekts zwar keinen Unterricht in klassischer Komposition und Orchestration, war aber als Nicht-Notist so klug, von Zeit zu Zeit die formalen Tipps des erfahrenen Tonsetzers zu beherzigen.

Zuerst dies: Das *Liverpool Oratorio* wurde im Juni 1991 mit seiner beeindruckenden Aufführung (250 Musiker und Sänger vor 2500 Zuschauern in der gigantischen Liverpooler Kathedrale) ein voller Erfolg und erklomm unter Beteiligung von renommierten Gesangs-Solisten wie Kiri Te Kanawa und Sally Burgess auch als Tonträger die Spitzen der Klassik-Charts; Paul und Kollege Carl Davis hatten alles richtig gemacht. Doch sieht man die Entwicklung, die McCartney danach durchmachte, muss das Urteil erlaubt sein, dass er bei diesem Erstling noch über keinerlei gefestigte Vorstellungen von einer wie auch immer gearteten McCartney-haften Klangsprache im klassischen Bereich verfügte. Das *Liverpool Oratorio* bleibt ein Kessel Buntes, trotz Leitmotiven gelingt kein musikalisches Gesamptkonzept, der rote Faden ist die im Zweiten Weltkrieg angelegte Geschichte. Das von Paul selbstironisch »Messias auf Toast« titulierte Werk ist mehr Andrew Lloyd Webber als Georg Friedrich Händel.

Der weltweite Erfolg des Werkes ermutigte McCartney auch beim nächsten Auftrag einzuschlagen. Diesmal war es ein Auftrag zum hundertjährigen Bestehen der EMI, Themen des Orchesterwerks *Standing Stone* (1997) waren die keltische Kultur, der Ursprung und das Geheimnis des Lebens. Anstatt sich erneut einen klassischen Co-Writer zu besorgen, dienten McCartney hier zum ersten Mal in seiner Karriere ein Computer und Instrumentations-Software als Hilfsmittel, das Orchesterstück zu simulieren. Bei dem ebenfalls multistilistischen Orchester-Werk, das den Chor nur als Klangfarbe benutzt, spürt man die Entdeckerfreude und quasi-filimmusikalischen Visionen, die McCartney mit seinem neuen elektronischen Hilfsmittel hat und welches ihn in Klangregionen und weit entfernte Tonsatz-Gegenden trägt, die er mit Pop-Instrumentarium bislang nicht erkunden konnte.

Das nur zwei Jahre später veröffentlichte *Working Classical* (1999) war ein Crossover-Projekt: bestehende und neue, extra für dieses Album verfasste McCartney-Songs wurden für dieses Album von renommierten Arrangeuren auf Orchester übertragen. Liegt es an der Zwitterhaftigkeit des Genres selbst oder daran, dass McCartney bewusst eine

Reihe von obskureren Songs für dieses Instrumental-Album auswählte? Das Fehlen von veritablen Hits und auch das Fehlen von Gesang macht dieses Album für mich auf jeden Fall zu einem »mittleren Vogel«, nett anzuhören, aber ohne Motivation, dieses ein weiteres Mal tun zu müssen.

Das vielleicht unterbewusst existierende Gefühl, beim *Liverpool Oratorio* mehr Webber als Händel geliefert zu haben, veranlasste McCartney, einen zweiten Versuch in Richtung Oratorium zu unternehmen. Das noch zu Lebzeiten von Ehefrau Linda begonnene Projekt wurde allerdings durch den Tod Lindas unterbrochen und – mit Verzögerung wieder aufgenommen – zu einer Art Requiem für die Verstorbene. Das Werk, von dem McCartney sagte, »alles sei von ihm«, kann vor allem durch eine tief empfundene Emotionalität überzeugen, McCartney steht hier mit seinem neo-barocken und neo-romantischen Ansatz tief in der Tradition jener zahlreichen Tonschöpfer von der Insel, die – Ausnahme: Benjamin Britten – immer schon um Dissonanzen und herbere Klänge einen kleinen Bogen gemacht haben: Sir Edward Elgar, Frederick Delius oder Ralph Vaughan Williams.

Einen »reifen« McCartney schließlich bietet das vorerst letzte Orchesterwerk McCartneys, das vom New York City Ballet in Auftrag gegebene Ballett *Ocean's Kingdom* (2011). Mit seinen vier Sätzen und einer Länge von etwa 55 Minuten hat das Werk – abseits aller Ballett-Elemente – für mich auch den Charakter einer romantischen Sinfonie. Anders als bei *Standing Stone*, welches filmmusikhafte Einzelbilder schafft, geht McCartney in den einzelnen Sätzen auf lange musikalische Strecken und bemüht sich um formale Geschlossenheit, er ist als klassischer Komponist angekommen.

191

schafft, geht McCartney in den einzelnen Sätzen auf lange musikalische Strecken und bemüht sich um formale Geschlossenheit, er ist als klassischer Komponist angekommen.

DIE BEATLES-ERBEN

Primrose Hill (2024) wäre nur ein netter, atmosphärisch ansprechender Song eines Singer-Songwriters aus Großbritannien, das ja – im Gegensatz zu seiner marodierenden Wirtschaft nach dem Brexit – immer noch regelmäßig feine Pop-Exporte fertigt. Aber natürlich wurde diese Single weder wegen ihres Textes oder ihrer Musik im Netz gehypt, sondern weil die Autoren-Credits »Lennon/McCartney« lauteten. Dahinter verstecken sich selbstredend nicht die alte, sondern die jüngere Generation: James McCartney und Sean Ono Lennon schrieben den Song auf (James) McCartneys aktuellem Album gemeinsam. Doch bevor ich die beiden und auch fünf weitere männliche Beatles-Erben vorstelle, ein Sprung über fünfzig Jahre zurück.

Für mich war es verblüffend, im Laufe meiner Beatles-Buch-Lesungen viele Hardcore-Beatles-Fans kennenzulernen, für die bereits die Solo-Alben der Beatles ab 1970 eine No-Go-Area darstellen. Erstaunlich, enthalten doch diese über 70 (!) Studio-Alben einen großen Fundus an wichtigen, hörens- und liebenswerten Songs, der weit mehr darstellt als nur ein Nachklapp zu vergangenen Erfolgen. Doch die Winde im Musikgeschäft wechseln unbarmherzig: Schon Paul McCartney musste zu Beginn der 1970er Jahre mit seinen Wings schmerzhaft spüren, wie schwierig es war, im Schatten der bekanntesten Band der Welt weiter zu musizieren. Erst als er mit seiner Gruppe den penetranten

Kneipen-Hit *Mull Of Kintyre* zimmerte und gemeinsam mit Stevie Wonder und Michael Jackson wieder weltweit die Spitzen der Charts erklomm, merkten auch Otto- und Elke-Normalhörer, dass da noch Künstler existierten, die bereits in den 1960er Jahren ganz groß waren.

Bedenkt man die Probleme, welche die Solo-Beatles selbst mit ihrem Erbe hatten: Um wieviele Male schwerer musste es dann für die Nachkommen der vier Beatles sein, mit dem gierigen und unversöhnlichen Monster Öffentlichkeit umzugehen? Es ist erstaunlich: Von den insgesamt zehn leiblichen Beatles-Kindern zog es alle sechs männlichen Nachkommen in die Rock- und Popmusik. Die vermutlich klügeren Frauen (Mary, Stella, Beatrice, Lee) gingen überwiegend in den Foto- und Modebereich, allen voran die international renommierte Mode-Designerin Stella McCartney. Da ich jedoch für den Bereich Foto und Mode nicht zuständig bin, schauen wir uns die Aktivitäten der sechs jungen Männer an, die den Mut hatten, ihr Musikerleben im überlebensgroßen Schatten ihrer Väter zu verbringen:

Julian Lennon, 1963 geboren, ist der älteste musizierende Beatles-Nachkomme, Sohn aus Johns schwieriger erster Ehe mit Cynthia Powell. Ende der 1970er Jahre bahnte sich zwischen dem Sohn, der in England bei seiner Mutter aufwuchs, und dem Vater, der in den USA blieb, eine Annäherung an, allein der Tod Johns verhinderte eine weitergehende Verbesserung des Vater-Sohn-Verhältnisses. Als Musiker ähnelt der erste Sohn von Lennon eher Paul McCartney: Wie dieser verfügt er über Allrounder-Fähigkeiten, mit denen er komplette Songs auf Gitarre, Bass, Keyboard und Drums einspielt. Die verblüffenden Ähnlichkeit seiner Stimme mit der von Vater John pushte ab 1984 seine internationale Pop-Karriere (Hit: *Too Late For Goodbyes*), die jedoch 1986 nach einer abgesagten Europa-Tournee stagnierte. Als sich Gerüchte, dass Julian als Ersatz für seinen verstorbenen Vater zusammen mit den alten Beatles auftreten würde, nicht bewahrheiteten, erlahmte das öffentliche Interesse und vor allem das der Schallplattenfirmen. Zwei weitere Veröffentlichungen, mit denen er sich vom Beatles-Dunstkreis musikalisch zu emanzipieren versuchte, blieben bis auf die Single *Saltwater* (1991) erfolglos; die Beschäftigung mit Fotografie, Architektur und Kochen half ihm über Alkohol- und Drogenprobleme hinweg. Mittlerweile ist der Senior der Beatles-Söhne mit sich selbst im Reinen, hat weitere selbst produzierte und musikalisch rundere Studioalben hingelegt und geht zur Beatles-Community eher auf Distanz. Interviewanfragen zum Thema John Lennon lehnt er rundherum ab, trotzdem hat er eine umfangreiche Sammlung mit Erinnerungsstücken an den Vater angelegt.

Zak Starkey, 1965 geboren, wurde von Who-Drummer Keith Moon in jungen Jahren ermutigt, sich dem Drumset zu widmen. Papa Ringo stand einer Drummer-Karriere des Sohns eher kritisch gegenüber, doch bereits mit zwölf Jahren spielte der junge Zak in Pubs mit der Garagen-Band The Next. Schon mit zwanzig hatte er sich einen Ruf als solider

Studio- und Live-Musiker in Bands wie Spencer Davis Group, The Semantics und Icicle Works erspielt, so dass der Vater seine Widerstände aufgab und den Sohn auf seinem Beitrag zum *Sun City*-Album (1985) und bei seiner »All-Starr Band« mitspielen ließ. Nach einer gemeinsamen Tour mit John Entwistle und Roger Daltrey eroberte er 1996 schließlich den Schlagzeug-Hocker bei den Who und wurde insbesonders für sein eindrucksvolles Schlagzeugspiel auf der »Quadrophenia Tour« gelobt. Neben seiner On-Off-Tätigkeit für die Who war er von 1997-2000 Drummer bei den Lightning Seeds, 2004-2009 bei den Britpop-Rockern von Oasis sowie für die eigenen Bands Johnny Marr & The Healers und Penguins Rising tätig. Eine besondere Vorlieber entwickelte Starkey für den jamaikanischen Reggae, der im Bau eines eigenen Studios in Ocho Rios und der Gründung einer Studio-Hausband und des Schallplatten-Labels Trojan Jamaica mündete.

Jason Starkey, 1967 geboren, folgte seinem Bruder als Schlagzeuger, spielte in mehreren Indie-Bands und gründete mit Zak ein eigene Gruppe mit dem lustigen Namen »Musty Jack Sponge and the Exploding Nudists«. Als einziger der sechs Beatles-Söhne gab er jedoch das Musizieren als Hauptbetätigung auf und betätigte sich zeitweise als Road Manager, zuletzt als Fotograf.

Sean Ono Lennon, 1975 als einziges Kind von John und Yoko geboren, kam früh mit dem Musikbusiness in Berührung, sang bereits als Zehnjähriger auf einem Album seiner Mutter mit und durfte als Dreizehnjähriger in Michael Jacksons Video *Smooth Criminal* mitspielen. Sean Lennon ist wie Halbbruder Julian instrumentaler Allrounder, doch gehört zu einer neuen Generation von Popkünstlern, die nicht mehr von Schallplattenfirmen als »großer kommerzieller Act« aufgebaut werden, sondern sich autonom und vor allem in zahlreichen Ko-Produktionen künstlerisch immer neu definieren. Die lange Liste von Sean Ono Lennons Aufnahmen und Musikprojekten ist so beeindruckend wie verwirrend, von experimenteller Musik, Ausflügen in jazzige Bereiche bis zur Neugründung der Plastic Ono Band mit Mama Yoko und Cover-Versionen von alten Beatles-Nummern ist alles dabei. Das bekannteste Projekt war die Gruppe The Ghost Of A Saber Tooth Tiger, die im wesentlichen aus ihm selbst und Lebenspartnerin Charlotte Kemp Muhl bestand, eine Gruppe, die zwar den Sound von Vater John nicht kopierte, aber viel vom Unabhängigkeitswillen des Vaters demonstrierte.

James McCartney, 1977 als drittes Kind von Paul und Linda geboren, gehört wie Sean zur zweiten Generation der musizierenden Beatles-Söhne, startete aber deutlich später als Sean mit der Musik durch: Er debütierte erst 2009 mit seiner Band Light und veröffentlichte dann 2011 ein Bündel seiner bisherigen EPs, auf denen durchweg solider, gitarrenorientierter Mainstream-Rock-Pop zu hören ist. Deutlich ausgefuchster kam sein eigenliches Platten-Debüt *Me* (2013) daher, von Produzent David Kahne betreut und von Papa Paul an Drums und Gitarre unterstützt. Auf diesem Album spielte die akustische Gitarre eine größere Rolle und die Beatles-Haftigkeit der Songs und Arrangements nahm zu, mit einem deutlichen Schuss Lennon. Der Wechsel zum umtriebigen Independent-Tonmeister und –Produzenten Steve Albini wischte jedoch die Beatles-Spuren fort, das Album *Blackberry Train* (2016) klang wieder deutlicher nach Indie-Rock.

Dhani Harrison ist 1978 geboren und somit der jüngste männliche musizierende Beatles-Spross. Obwohl (oder gerade deswegen?) altersmäßig am weitesten entfernt von der Beatles-Ära, ist er zum »keeper of the flame« geworden, ein Musiker, der das Beatles-Erbe konsequent weiter verfolgt. Bevor Dhani Harrison sich traute, sein erstes Solo-Album aufzunehmen, war der Gitarrist bereits eine gestandene Persönlichkeit im Musik-Business, hatte mit Legenden wie Eric Clapton oder Prince auf der Bühne gestanden, Film- und Fernsehmusik geschrieben, in zwei eigenen Rockbands gespielt, an einem Musikvideospiel über die Beatles mitgearbeitet, das letzte Album seines Vaters (*Brainwashed*, 2001) fertig gestellt und die Harrrison-Solo-Alben (*The Apple Years 1968-75*) remastert. Als Vorgruppe von Jeff Lynne's ELO pflegte er 2019 auf einer Nordamerika-Tournee Live-Kontakt mit den ergrauten Beatles- und ELO-Fans und wird als Labelchef von Dark Horse Records auch künftig die noch lebenden Boomer mit Re-Issues der Aufnahmen seines Vaters erfreuen.

Bleibt zum Abschluss dieser kleinen Aufzählung nur noch meine Empfehlung an die oder den geneigten Lesende(n), sich neben den 70 Solo-LPs der Original-Beatles auch mal die ein oder andere Aufnahme der sechs Söhne anzuhören. Und beim nächsten Shopping-Bummel auf jeden Fall zu schauen, ob da nicht was von Stella McCartney im Regal hängt.

MEIN GELBES ALBUM: CLUES FOR YOU ALL

Schon jahrelang hatte ich einen Coup als verrückter Beatles-Fan und versierter Arrangeur geplant: Ich wollte das »Gelbe Album« der Beatles aufnehmen. Und zwar mit den berühmt-berüchtigten »Songs the Beatles Gave Away«, also jenen Stücken, welche die Beatles nach kurzer Begutachtung hurtig an andere Interpreten durchreichten oder sie sogar speziell für einen Interpreten komponierten. Denn irgendwie klangen diese Songs kaum oder manchmal auch gar nicht nach Beatles, wenn sie von Billy J. Kramer, Tommy Quickly, The Fourmost, den Applejacks, Mike Shannon, Peter & Gordon, Cilla Black, P. J. Proby, Mary Hopkin oder Carlos Mendes interpretiert wurden. Ich wollte authentische Beatles-Arrangements nachempfinden und dann auch noch unter den zahlreichen existierenden Beatles-Cover-Bands in Deutschland oder Holland die beste auswählen und die dann diese Songs mit perfekten Beatles-Sing-a-Likes im Studio realisieren, was hätte das für ein Spaß werden können!

In *Spite Of All The Danger* wäre natürlich ganz Buddy-Holly-artig geworden, *One And One Is Two* hätte ich mit der notorischen Mundharmonika à la John eingeleitet, *Bad To Me* und *World Without Love* wären in das frische Sound-Gewand von *Hard Day's Night* gekleidet worden, ersteres vielleicht sogar mit einem Bongo-Part für einen Ersatz-Ringo.

Nobody I Know war in der Fassung von Peter & Gordon nur eine üble Schnulze, in meiner An- oder Zumutung hätte das George Harrison-Double ein Gitarren-Volumen-Pedal wie auf *I Need You* bekommen. Auch hätte ich mich natürlich an *If You've Got Trouble* und *That Means A Lot* versucht, welche die Beatles nicht mit auf das Album *Help* nahmen und erst in unvollendeter Anthology-Form auf die Welt losließen. Und so weiter und so fort: *Suicide*, *Goodbye*, *Sour Milk Sea* und *Penina* wären nur vier interessante Kandidaten gewesen, dazu vielleicht John Lennons späteres *India, India*.

Wäre, wäre, hätte, hätte, man träumt zu viel in seinem Bette. Als ich nämlich irgendwann – natürlich viel zu spät – auf die Idee kam, das werte Internet zu konsultieren, fiel es mir wie Schuppen aus meinen kümmerlichen Haaren: Diese Idee war selbstverständlich schon von einem Dutzend anderer verrückter Beatles-Fans mit musikalischen Ambitionen umgesetzt worden. Wenn auch nicht so schön, wie ich es gemacht hätte. Nun denn, ich ließ die Idee fahren und kehrte zu meinen Kompetenzen zurück: Kabarett, Ragtimes & Boogies, Ritter Rost und schöne Musik für Jazz-Ensembles oder Orchester.

Und an dieser Stelle darf ich kurz vor Schluss noch die werten Ritter-Rost-Fans und -faninen unter meinen Lesern begrüßen. Zwei Jahre später – nachdem ich nämlich die Idee vom »Gelben Album« verworfen hatte, stand die Produktion von Band Nummer 10 der Reihe an: *Ritter Rost ist krank*. In der Feder meines genialen Co-Autors und Zeichners Jörg Hilbert wurde das vom Verlag ans Herz gelegte Thema keine kreuzdoofe Wir-lernen-ein-Krankenhaus-kennen-Geschichte à la »Conny mit der roten Schleife«, sondern (für die Eltern) eine Satire auf das deutsche Gesundheitswesen und (für die Kinder) Unsinn der höheren Sorte inklusive singenden Mullbinden-Gazellen, einem »Drogensong« (*Narkose*) und einem Lied, in dem eine Spritze selbst singen sollte. Als ich dieses lustige wie absurde Szenario betrachtete, war mir plötzlich klar, dass dieser höhere Blödsinn den Beatles gefallen hätte und ich keine Scheu haben sollte, daraus eine musikalische Hommage an die Gruppe zu machen.

Direkt im Eingangssong, in dem der Ritter *Aus dem letzten Loch* pfeift, geht es im *Penny Lane*-Rhythmus los, beim Pfeifsolo gibt es die unvermeidlichen typischen Uh-La-La- Chöre und im Fade Out schrappende Celli à la *Strawberry Fields* und das obligatorische Bach-Trompeten-Solo. Das Burgfräulein Bö darf in ihrem Song über *Rote Punkte* in die Ära der Beatlemania abtauchen, das »Yeah Yeah Yeah« und das Kopfstimmen-»Uh« aus *She Loves You* und das Vokal-Zitat aus *Twist And Shout* waren hier also Pflicht-Features. Besonders frech schlüpft Jazzsängerin Anne Hartkamp danach in die Rolle der *Spritze*, ein Song, der natürlich eine Kombination aus modifiziertemn *Taxman* und dem Piano-Motiv aus *Drive My Car* ist. Gut zu hören ist auf dieser Aufnahme Antoine Pütz auf dem Paul McCartney-Höfner Bass, den uns die Firma extra (vielen Dank im Nachhinein!) für die Aufnahmen ausgeliehen hatte. Drei Beatles-Zitate habe ich in der *Narkose* untergebracht: Das Gitarren-Intro von *Blackbird*, die Harmonik von *Dear Prudence* und – als Verbeugung vor George – Tablas und Sitar.

Der *Wartezimmer-Blues* ist wird die *Abbey Road*-Fans zum Schmunzeln bringen: Gitarrist Markus Wienstroer serviert eine Variation von John Lennons epischen Gitarrenriffs auf *She's So Heavy* mit authentischem Sound und die deutsche Jazz-Legende Anne Haigis rockt und bluest darüber, dass es eine Freude ist.

Das mit wechselnden Taktarten gespickte *Fünf Esel* war meine Hommage an *Being For The Benefit Of Mr. Kite*, zwar warf ich nicht Tonband-Schnipsel von Orgelsounds in die Luft und setzte sie neu zusammen, aber die digitale Simulation der Beatles-Orgel-Bastelei machte allen Beteiligten im Studio genauso großen Spaß. Ruhrgebiets-Comedian Herbert Knebel übernahm die Vocals in *Der Nächste bitte!*, das im Refrain natürlich rein zufällig nach *Lady Madonna* klang. Für den Rock-Song *Niemals ohne meinen Teddy* stiegen wir zwar nicht auf das Dach unseres Studio-Gebäudes, einer alten Gurkenfabrik in Aachen, bedienten uns aber trotzdem herzlich an der Harmonik und am Drum-Groove von *Get Back.*

Vollkommen over the top war schließlich das Finale von *Ritter Rost ist krank*, die elfte Nummer des Bandes, schlicht *Nummer Elf* genannt. Und: Natürlich hört man hier eine tiefe Sprecherstimme zu Beginn von Ohr zu Ohr im Kopfhörer wandern, die »Nummer Elf, Nummer Elf« sagt. Und dann bricht das finale Beatles-Chaos los, aber hört es euch einfach selbst an, wenn ihr es noch nicht kennt ...

LITERATURVERZEICHNIS

Alan's Album Archives. Smile Away. Guide to the Music of Paul McCartney. Written fort he website www.alansalbumarchives.blogspot.co.uk between 2008 and 2019 (E-Book).

Beatles, The. 2000. The Beatles Anthology. Ullstein Verlag – München.

Bow, Dennis. 1964. Die Beatles kommen. *Fahrplan einer Weltsensation.* Lichtenberg – München.

Davies, Hunter. 1978. Die Geschichte der Beatles. Knaur – München und Zürich.

Davies, Hunter (Hrg.). 2012. The John Lennon Letters. *Erinnerung in Briefen.* Piper – München und Zürich.

Epstein, Brian. 1964. A Cellarful Of Noise. The man who made the Beatles. Souvenir Press – London.

Heertsgard, Mark: Die Musik der Beatles.

Hieronimus, Dr. Robert R.. 2002. Inside The Yellow Submarine. *The Making Of The Beatles' Animated Classic.* Krause Publications – Iola, Wisconsin.

Janosa, Felix/ Eichhorn, Paulina. 2023. Die Beatles, das Universum und der Rest. Ueberreuter Verlag – Wien.

Lennon, John. 1981. The writings of John Lennon. Simon and Schuster – New York.

Lennon, John. Gimme Some Truth. 1990. *Das komplette John Lennon-Songbook.* 1990. Pendragon – Bielefeld.

Lewisohn, Mark. 1992. The Complete Beatles Chronicle. Harmony Books – New York.

Martin, George / Pearson, William. 1997. Summer of Love. *Wie Sgt. Pepper entstand.* Henschel Verlag – Berlin

McCartney, Paul. Lyrics. 2024. Mein Leben in 154 Songs. C.H.Beck – München.

Miles, Barry. 1999. Paul McCartney. *Many Years From Now.* Rowohlt Taschenbuch Verlag – Reinbek bei Hamburg.

Philipp, Judith / Simon, Ralf. 1991. Listen To What The Man Said. *Paul McCartney und seine Songs.* Pendragon – Bielefeld.

Rathjen, Friedhelm. 2009. Von GET BACK zu LET IT BE. *Der Anfang vom Ende der Beatles.* Rogner & Bernhard – Berlin.

Rombeck, Hans / Neumann, Wolfgang. 1977. Die Beatles. Ihre Karriere, ihre Musik, ihre Erfolge. Bastei Lübbe – Bergisch Gladbach

Sawyers, June Skinner. 2006. Read The Beatles. *Classic and new writings on the Beatles, their Lagacy, and why they still matter.* Penguin Books – London.

Southall, Brian / Perry, Rupert. 2006. Northern Songs. *The True Story of The Beatles' Song Publishing Empire.* Omnibus – London.

Stracke, Michael. 2023. George Harrison zur Zeit der Beatles. *Ein Kommentar zu 22 Song-Texten von 1963 bis 1970.* Michael Stracke – Neuss.

Womack, Kenneth. 2018. Sound Pictures. *The Life Of Beatles Producer George Martin – The Later Years, 1966-2016.* Chicago Review Press – Chicago, Illinois.